HERMES TRISMEGISTO

Enseñanzas Herméticas, Del Kybalión Y El Divino Poimandres (En Español)

Un Estudio De La Filosofía Hermética De Grecia Y El Antiguo Egipto, Y Su Influencia En El Ocultismo Y Esoterismo Occidental. Incluye El Divino Poimandres en traducción moderna al Español

Neville Jung
www.TusDecretos.com

Contenido

Introducción

A Las Enseñanzas Ancestrales De Hermes Trismegisto

Es un gran honor presentar ante los devotos estudiantes e incansables buscadores de la Verdad, este humilde compendio basado en la ancestral sabiduría que el gran maestro Hermes Trismegisto legó a la humanidad en tiempos inmemoriales. A pesar de las innumerables referencias a sus enseñanzas esparcidas en diversos tratados esotéricos, poco se ha escrito que condense con fidelidad la esencia de su mensaje. Por ello, confiamos en que aquellos sinceros exploradores de los Misterios Arcanos recibirán con beneplácito esta obra.

El propósito no es promulgar una doctrina particular, sino ofrecer una exposición de la Verdad Universal que permita al estudioso armonizar los variados conocimientos ocultos adquiridos, que a menudo parecen contradecirse, generando confusión y desaliento en quienes se inician en este sendero. No pretendemos erigir un nuevo Templo del Saber, sino entregar una Llave Maestra con la cual se puedan abrir las múltiples puertas interiores del Templo del Misterio, una vez cruzados sus majestuosos portales.

Ningún fragmento del conocimiento oculto atesorado por la humanidad ha sido tan celosamente resguardado como las Enseñanzas Herméticas que han sobrevivido a través de incontables siglos, desde la época en que el propio Hermes Trismegisto, el "escriba de los dioses", habitó en el Antiguo Egipto, cuando la actual raza humana aún estaba en su infancia. Contemporáneo de Abraham, y según las leyendas, su maestro, Hermes fue y sigue siendo el Gran Sol Central del Ocultismo, cuyos rayos han iluminado las innumerables enseñanzas promulgadas desde entonces. Todos los principios fundamentales incrustados en las doctrinas esotéricas de cada nación pueden remontarse a la fuente original: la Sabiduría Hermética.

Desde las tierras del Ganges, avanzados ocultistas peregrinaron hasta Egipto para sentarse a los pies del Maestro. De él obtuvieron la Llave Maestra que explicaba y conciliaba sus diversas perspectivas, consolidando así la Doctrina Secreta. También de otras tierras llegaron sabios que reconocían a Hermes como el Maestro de Maestros. Su influencia fue tal que, a pesar de las desviaciones del sendero a lo largo de los siglos, aún puede percibirse una correspondencia subyacente en las variadas teorías de los ocultistas de diferentes latitudes. El estudioso de las Religiones Comparadas reconocerá la impronta hermética en toda creencia digna de tal nombre, ya sea antigua o contemporánea. Siempre existe una correspondencia, a pesar de aparentes contradicciones. Las Enseñanzas de Hermes actúan como el Gran Reconciliador.

La misión de Hermes parece haber sido plantar la Semilla-Verdad primordial que ha germinado y florecido adoptando extrañas formas, más que establecer una escuela filosófica dominante. No obstante, las verdades originales que transmitió han sido preservadas en su prístina pureza por un selecto grupo en cada época, quienes, rechazando a la mayoría de los postulantes, han mantenido la tradición hermética, reservando la verdad para aquellos pocos preparados para comprenderla y dominarla. De boca en boca, la verdad ha sido comunicada entre un reducido círculo. En cada generación, en los diversos rincones de la tierra, siempre ha habido Iniciados que mantuvieron viva la sagrada llama de las Enseñanzas Herméticas, dispuestos a usar su luz para reavivar las lámparas menores del mundo externo cuando la verdad languidecía, oscurecida por la negligencia y las impurezas mentales. Incansables guardianes han velado fielmente el Altar de la Verdad, donde arde perpetuamente la Lámpara de la Sabiduría, tal como expresó el poeta:

"¡Que no se extinga la llama! Abrigada edad tras edad

en oscuras cavernas, en sacros templos protegida,

nutrida por puros ministros del amor... ¡que no muera la llama!"

Estos hombres nunca han buscado la aprobación de las masas ni una multitud de seguidores. Son indiferentes a ello, pues saben cuán pocos están preparados para la verdad en cada generación. Reservan la "carne fuerte para los hombres", mientras otros ofrecen la "leche para los niños". Atesoran sus perlas de sabiduría para los contados elegidos que reconocen su valor y las portan en sus coronas, en vez de arrojarlas a los cerdos del materialismo que las pisotearían en el fango, mezclándolas con sus despojos mentales. Sin embargo, estos custodios nunca han olvidado el precepto original de Hermes sobre la transmisión de la verdad a quienes están dispuestos a recibirla, tal como sentenció el maestro:

"Donde pisan los pies del Maestro, los oídos preparados para su Enseñanza se abren de par en par."

Y también:

"Cuando el oído del estudiante está presto, acuden los labios colmados de sabiduría."

Mas su proceder concuerda plenamente con otro axioma hermético:

"Los labios de la Sabiduría permanecen sellados, salvo para el oído del Entendimiento."

Hay quienes han criticado esta postura de los hermetistas, su reclusión y reticencia, arguyendo que no demuestran el espíritu adecuado. Pero una mirada al pasado revela la sabiduría de los Maestros, conscientes de la insensatez de intentar enseñar al mundo aquello que no está preparado ni dispuesto a recibir. Los hermetistas jamás han buscado el martirio; por el contrario, se han apartado discretamente con una sonrisa compasiva, mientras la turba se enfurecía en torno suyo, ocupada en su habitual regodeo de dar muerte y torturar a los bienintencionados pero equivocados entusiastas que creían posible imponer la verdad a bárbaros sólo accesible a quienes han transitado el Sendero.

Y ese espíritu persecutorio no se ha extinguido. Hay ciertas Enseñanzas Herméticas cuya divulgación atraería sobre los maestros desprecio y vituperio, reavivando el clamor de "¡Crucifícalos!".

En este breve tratado nos hemos afanado en transmitir los principios fundamentales de las Enseñanzas de Hermes, para que sean aplicados por el propio discípulo, en lugar de elaborarlos en detalle. Si eres un verdadero buscador, podrás comprender y aplicar estos principios; de lo contrario, habrás de convertirte en uno, pues las enseñanzas herméticas no serán para ti más que "palabras, palabras, palabras".

La Visión Mística de Hermes Trismegisto

Hace eones, en un paraje agreste y solitario, nuestro venerable maestro Hermes Trismegisto se entregó en cuerpo y alma a la contemplación de lo divino. Siguiendo los preceptos arcanos del Templo, fue liberando paulatinamente su consciencia superior de las ataduras de lo terrenal. Y así, su naturaleza divina le desveló los misterios de los planos trascendentes.

Ante él se manifestó una presencia formidable y sobrecogedora: el Gran Dragón, cuyas alas abarcaban la inmensidad celeste y de cuyo ser manaba luz en todas direcciones. Esta criatura primordial interpeló a Hermes, preguntándole el motivo de su profunda meditación sobre el Misterio del Mundo. Sobrecogido, Hermes se postró ante el Dragón, implorándole que revelara su identidad.

La majestuosa entidad respondió: "Soy Poimandres, la Mente del Universo, la Inteligencia Creadora y el Regente Absoluto de todo cuanto existe". Hermes suplicó entonces que le fuera revelada la naturaleza del universo y la esencia de los dioses. El Dragón accedió, instando a Trismegisto a grabar su imagen en lo más hondo de su ser.

Al instante, la forma de Poimandres se transmutó en un resplandor glorioso y palpitante. Esta Luz era la naturaleza espiritual del Gran Dragón. Hermes se vio envuelto en el seno de esta Efulgencia Divina, y el universo material se desvaneció de su percepción. En ese preciso instante, una profunda oscuridad descendió, engullendo la Luz en su seno. Todo se vio sumido en el caos.

Hermes se vio rodeado por una enigmática sustancia acuosa que exhalaba vapores como de humo. El aire se pobló de gemidos y suspiros inarticulados que parecían emanar de la Luz devorada por las tinieblas. Entonces, la voz interior de Hermes le reveló que la Luz era la forma pura del Espíritu Creador, mientras que las tinieblas representaban lo informe y lo increado: la materia primigenia.

La voz de Poimandres retumbó de nuevo, proclamando: "Lo que percibes es el misterio primordial, anterior a toda existencia. La Luz que contemplas es la sabiduría divina que impregna y da forma a toda la Creación". Acto seguido, de las profundidades acuosas se elevó un Espíritu Santo, y los elementos se separaron unos de otros.

El Espíritu Divino, la Palabra de Dios, se cernió sobre el caos de las aguas, y Poimandres anunció: "Contempla ahora el ordenamiento del Cosmos y el misterio de la Creación que te será revelado". Entonces, la Palabra Divina se organizó a Sí misma en los arquetipos de todas las criaturas. El fuego, el más sutil e impetuoso de los elementos, brotó hacia lo alto, seguido del aire. La tierra y el agua permanecieron mezcladas, de modo que la superficie de la Tierra estaba cubierta por el agua que la envolvía.

Luego, la Mente Divina engendró una Palabra Mística, y esta Palabra era llevada sobre el rostro de las

Aguas. La Mente Divina, la llamada Poimandres, se manifestó como Dios en masculino-femenino, Vida y Luz al mismo tiempo, y creó con su Palabra el Cosmos ordenado, dividiendo la Luz de las tinieblas primordiales.

El Logos, o Verbo Creador, emergió del Principio Divino y cubrió la Tierra con su manto resplandeciente. Inmediatamente, el inarticulado alarido que surgía de la masa amorfa cesó. El Verbo Cósmico – la Palabra Universal – se movió sobre la faz de las aguas primigenias como un resplandeciente Dragón de Sabiduría. Así habló Hermes sobre el origen último de las cosas visibles e invisibles.

La Tierra trajo entonces del seno del Verbo Creador todas las criaturas que contiene. Los dioses, en sus semblanzas estelares, se hicieron visibles, y se les asignaron sus respectivas órbitas y esferas celestiales. Surgió entonces el flamígero Phtha-Ra, el "Artesano Divino", que forjó sus Siete Gobernadores, otorgándoles el poder de regir los mundos inferiores. Así, según las enseñanzas de nuestro gran maestro, se ordenó el universo material a partir del caos primordial mediante el poder del Pensamiento Divino, el Logos Eterno.

Thot, El Escriba de Ibis

Thoth, el Señor de la Sabiduría, se manifiesta ante nosotros con la majestuosa cabeza de ibis, símbolo del misterio cósmico. Desde tiempos inmemoriales, los antiguos lo han venerado como el Escriba Divino y Guardián de los Libros Sagrados. Su figura, mitad hombre y mitad ave, encierra un profundo significado que trasciende la comprensión mortal.

Hermes Trismegisto nos revela que en el principio, la Luz primordial fue envuelta por la oscuridad de la sustancia material. De esta prisión emergió el Verbo místico, posándose sobre las aguas primigenias como una columna resplandeciente. El fuego y el aire se elevaron, mientras la tierra y el agua permanecieron inmóviles en las profundidades.

La voz del gran Poimandres, el Dragón de la Sabiduría, resonó en el cosmos: "Yo soy la Luz y la Mente que existían antes de la separación de la sustancia y el espíritu, de las tinieblas y la Luz. El Verbo nacido del misterio de la Mente es el Hijo de Dios, y su nombre es Razón. Él dividirá la Luz de las tinieblas y establecerá la Verdad en medio de las aguas".

Hermes nos insta a meditar en este misterio, pues aquello que ve y oye en nuestro interior no es terrenal, sino el Verbo Divino encarnado. La unión del Verbo y la Mente engendra la Vida, y así como la oscuridad externa está dividida, también lo está la oscuridad interna. La Luz y el fuego ascendentes representan al hombre divino, mientras que lo que no asciende es el hombre mortal, incapaz de alcanzar la inmortalidad.

El Dragón Poimandres se revela nuevamente a Hermes, y ante su mirada penetrante, los cielos se abren, mostrando los innumerables Poderes de Luz que surcan el Cosmos en alas de fuego. Hermes contempla los espíritus estelares y las fuerzas celestiales que rigen el universo, brillando con el resplandor del Fuego Único, la gloria de la Mente Soberana.

La Mente Divina continúa su discurso, revelando que antes de la formación del universo visible, existía un molde arquetípico en la Mente Suprema. Enamorada de su propio pensamiento, la Mente Suprema utilizó el Verbo como un poderoso martillo para excavar cavernas en el espacio primordial y fundir la forma de las esferas según el modelo Arquetípico, sembrando en ellas las semillas de la vida.

El Ser Supremo, masculino y femenino, dio a luz al Verbo, y éste, suspendido entre la Luz y las tinieblas, fue entregado al Obrero, el Maestro Constructor, para que diera forma al universo. El Verbo, moviéndose como un soplo a través del espacio, generó el Fuego por la fricción de su movimiento, y así nació el Hijo del Esfuerzo.

El Obrero formó siete Gobernadores, los Espíritus Planetarios, cuyas órbitas delimitaban el mundo, controlándolo por el misterioso poder del Destino. Cuando el Caos fue organizado, el Verbo de Dios se liberó de su prisión material y se unió a la naturaleza del Obrero Ardiente, estableciéndose en el centro del universo para hacer girar las ruedas de los Poderes Celestiales en un ciclo eterno.

Los elementos irracionales engendraron criaturas sin Razón, pues ésta había ascendido más allá de ellos. El aire produjo seres voladores, las aguas seres nadadores, y la tierra extrañas bestias y monstruos. Entonces, el Padre, siendo Luz y Vida, creó al glorioso Hombre Universal a su propia imagen, un ser celestial que moraba en la Luz Divina.

El Hombre Universal, deseoso de crear, observó las obras del Obrero Ardiente y, con el permiso del Padre, descendió a través de las siete Armonías para manifestarse en la Naturaleza inferior. Enamorado de su propia sombra reflejada en las aguas, el Hombre se unió a la forma irracional, dando origen al hombre terrenal, compuesto de inmortalidad y mortalidad.

Hermes nos enseña que el sufrimiento surge cuando el Hombre Inmortal, poseedor de la Vida, la Luz y el Verbo, se enamora de la ilusión y abandona la Realidad para habitar en la oscuridad. El Hombre Inmortal es hermafrodita y eternamente vigilante, gobernado por un Padre también dual y siempre despierto.

La Naturaleza, al unirse con el Hombre del Cielo, dio a luz a siete hombres bisexuales, cada uno representando las naturalezas de los Siete Gobernadores. Estas son las siete razas y ruedas de la existencia. Los hombres recibieron la Vida y la Luz del Gran Dragón, formando así su Alma y su Mente.

Durante un período determinado, estas criaturas compuestas, inmortales pero participando de la mortalidad, se reprodujeron a partir de sí mismas, siendo cada una macho y hembra. Sin embargo, al final de ese período, por voluntad de Dios, el nudo del Destino fue desatado y el lazo de todas las cosas se soltó.

Entonces, todas las criaturas vivientes, incluyendo al hombre, fueron separadas en machos y hembras, según los dictados de la Razón. Dios habló al Verbo Santo dentro del alma de todas las cosas, ordenándoles crecer y multiplicarse, y que aquellos dotados de Mente se conozcan a sí mismos como inmortales, comprendiendo que la causa de la muerte es el apego al cuerpo, y que el autoconocimiento conduce al estado del Bien.

El Libro de Thoth

Hermes Trismegisto, el gran maestro de la sabiduría hermética, confió a sus sucesores elegidos el sagrado Libro de Thoth mientras aún caminaba entre los hombres. Este texto, de una importancia inconmensurable, contenía los procesos secretos mediante los cuales debía llevarse a cabo la regeneración de la humanidad. Además, servía como clave para descifrar los demás escritos del maestro Hermes.

Poco se sabe con certeza sobre el contenido exacto del Libro de Thoth, excepto que sus páginas estaban cubiertas de extrañas figuras y símbolos jeroglíficos. Aquellos que conocían el uso de estos símbolos podían obtener un poder ilimitado sobre los espíritus del aire y las divinidades subterráneas. El maestro Hermes reveló en este libro el método por el cual ciertas zonas del cerebro son estimuladas mediante los procesos secretos de los Misterios. Cuando esto ocurre, la conciencia del hombre se expande, permitiéndole contemplar a los Inmortales y entrar en presencia de los dioses superiores. En verdad, el Libro de Thoth era la "Llave de la Inmortalidad".

Según la tradición oral transmitida de maestros a discípulos a través de los siglos, el Libro de Thoth se guardaba en una caja de oro en el santuario interior del templo. Existía una única llave que estaba en posesión del "Maestro de los Misterios", el más alto iniciado del Arcano Hermético. Sólo él conocía el contenido del libro secreto.

Con la decadencia de los Misterios, el Libro de Thoth se perdió para el mundo antiguo. Sin embargo, sus fieles iniciados lo llevaron sellado en el cofre sagrado a otra tierra. El libro sigue existiendo y continúa guiando a los discípulos de esta era a la presencia de los Inmortales. No es posible revelar más información sobre él en este momento, pero es importante destacar que la sucesión apostólica desde el primer hierofante iniciado por el propio Hermes permanece ininterrumpida hasta el día de hoy. Aquellos que estén especialmente capacitados para servir a los Inmortales podrán descubrir este inestimable documento si lo buscan con sinceridad y perseverancia.

Algunos afirman que el Libro de Thoth es, en realidad, el misterioso Tarot de los Bohemios, un extraño libro emblemático de setenta y ocho hojas que ha estado en posesión de los gitanos desde el momento en que fueron expulsados de su antiguo templo, el Serapeum. Según las Historias Secretas, los gitanos eran originariamente sacerdotes egipcios.

En la actualidad, existen varias escuelas secretas en el mundo que tienen el privilegio de iniciar a los candidatos en los Misterios. En casi todos los casos, estas escuelas encendieron el fuego de sus altares con la antorcha del gran maestro Hermes. En su Libro de Thoth, Hermes reveló a toda la humanidad el "Camino Único". Durante siglos, los sabios de todas las naciones y creencias han alcanzado la inmortalidad siguiendo este "Camino" establecido por el maestro en medio de las tinieblas para la redención de la humanidad.

La Visión Griega sobre Hermes

Los antiguos egipcios, según enseñó Hermes, veían a la humanidad como un rebaño guiado por el Pastor Supremo e Inconcebible, siendo él mismo el perro pastor, Hermes. De ahí proviene el simbolismo del cayado del pastor en los rituales religiosos, pues representa el poder con el que los faraones iniciados guiaban el destino de su pueblo.

Hermes Trismegisto reveló cómo la Providencia, los Siete Gobernadores y la Armonía unieron los sexos, iniciando las generaciones y la multiplicación de todas las cosas según su especie. Advirtió que quien por error se apega al cuerpo, permanece errante en las tinieblas, sensible al sufrimiento y la muerte; pero aquel que comprende que el cuerpo es sólo la tumba del alma, se eleva hacia la inmortalidad.

Ante la pregunta de Hermes sobre por qué la ignorancia priva a los hombres de la inmortalidad, el Gran Dragón respondió que para los ignorantes el cuerpo es supremo, siendo incapaces de percibir la inmortalidad en su interior. Al conocer sólo lo mortal, creen en la muerte, pues adoran aquello que es su causa y realidad.

Hermes inquirió entonces cómo los justos y sabios pasan a Dios, a lo que Poimandres contestó: "Lo que el Verbo de Dios dijo, yo te digo: Porque el Padre de todas las cosas consiste en la Vida y la Luz, de las que el hombre está hecho. Por tanto, si un hombre aprende y comprende la naturaleza de la Vida y de la Luz, entonces pasará a la eternidad de la Vida y de la Luz."

Sobre el camino de los sabios hacia la Vida eterna, Poimandres continuó: "Que el hombre dotado de Mente se observe, considere y aprenda de sí mismo, y con el poder de su Mente se separe de su no-ser para convertirse en siervo de la Realidad."

Al preguntar Hermes si no todos los hombres poseían Mente, el Gran Dragón aclaró: "Presta atención a lo que dices, pues yo soy la Mente, el Maestro Eterno. Soy el Padre del Verbo -el Redentor de todos los hombres- y en la naturaleza del sabio el Verbo se encarna. Mediante el Verbo, el mundo se salva. Yo, el Pensamiento, Padre del Verbo y la Mente, sólo acudo a los hombres santos, buenos, puros, misericordiosos, que viven piadosa y religiosamente. Mi presencia los inspira y ayuda, pues al venir yo, de inmediato conocen todas las cosas y adoran al Padre Universal. Antes de morir, tales sabios y filósofos aprenden a renunciar a sus sentidos, sabiendo que éstos son enemigos de sus almas inmortales."

"No permitiré que los sentidos malignos dominen los cuerpos de quienes me aman, ni dejaré entrar en ellos malas emociones y pensamientos. Me convierto en portero, cerrando el paso al mal, protegiendo a los sabios de su propia naturaleza inferior. Pero a los malvados, envidiosos y codiciosos no acudo, pues no pueden comprender los misterios de la Mente; por eso no soy bienvenido. Los dejo al demonio vengador que labran en sus propias almas, ya que el mal crece y atormenta al hombre cada día más intensamente, sumando nuevas malas acciones a las anteriores, hasta que finalmente el mal se destruye a sí mismo. El castigo del deseo es la agonía de la insatisfacción."

Agradecido, Hermes se inclinó ante el Gran Dragón, suplicándole escuchar más sobre el destino final del alma humana. Poimandres prosiguió: "Al morir, el cuerpo material del hombre retorna a los elementos de los que procede, y el hombre divino invisible asciende a la fuente de donde vino, la Octava Esfera. El mal pasa a la morada del demonio, mientras los sentidos, sentimientos, deseos y pasiones corporales vuelven a su origen, los Siete Gobernadores, cuyas naturalezas destruyen en el hombre inferior, pero vivifican en el hombre espiritual invisible."

"Tras retornar la naturaleza inferior a la brutalidad, la superior lucha nuevamente por recuperar su estado espiritual. Asciende por los siete Anillos donde se sientan los Siete Gobernadores, devolviendo a cada uno sus poderes inferiores: a la Luna, la capacidad de crecer y decrecer; a Mercurio, las maquinaciones, el engaño y la astucia; a Venus, la lujuria y las pasiones; al Sol, las ambiciones; a Marte, la temeridad y el atrevimiento profano; a Júpiter, el sentido de la acumulación y las riquezas; y a Saturno, en la Puerta del Caos, la falsedad y las malas conspiraciones."

"Entonces, despojada de todas las acumulaciones de los siete Anillos, el alma llega a la Octava Esfera, el anillo de las estrellas fijas. Aquí, libre de toda ilusión, mora en la Luz y canta alabanzas al Padre con una voz que sólo los puros de espíritu pueden comprender. He aquí, Hermes, el gran misterio de la Octava Esfera: la Vía Láctea es el semillero de las almas, de donde descienden a los Anillos y a donde regresan desde las ruedas de Saturno. Pero algunos no pueden ascender la escalera de siete peldaños de los Anillos, vagando en las tinieblas de abajo, arrastrados a la eternidad con la ilusión de los sentidos y lo terrenal."

"El camino a la inmortalidad es arduo, y pocos lo encuentran. El resto aguarda el Gran Día en que las ruedas del universo se detendrán y las chispas inmortales escaparán de las envolturas de la sustancia. Ay de los que esperan, pues deben volver de nuevo, inconscientes e ignorantes, al semillero de estrellas, aguardando un nuevo comienzo. Aquellos salvados por la luz del misterio que te he revelado, Hermes, y que ahora te ordeno establecer entre los hombres, retornarán al Padre que mora en la Luz Blanca, se entregarán a la Luz y en ella se absorberán, convirtiéndose en Poderes en Dios. Este es el Camino del Bien, revelado sólo a quienes poseen sabiduría."

"Bendito eres, Hijo de la Luz, a quien de entre todos los hombres, yo, Poimandres, la Luz del Mundo, me he revelado. Te ordeno salir y convertirte en guía para quienes vagan en la oscuridad, para que todos los hombres en los que habita el espíritu de Mi Mente (la Mente Universal) puedan ser salvados por Mi Mente en ti, que invocará a Mi Mente en ellos. Establece Mis Misterios y no desaparecerán de la tierra, pues Yo soy la Mente de los Misterios y, hasta que la Mente falle (lo que nunca sucederá), mis Misterios no pueden fallar." Con estas palabras de despedida, Poimandres, radiante de luz celestial, desapareció, fundiéndose con los poderes de los cielos. Elevando su mirada al firmamento, Hermes bendijo al Padre de Todas las Cosas y consagró su vida al servicio de la Gran Luz.

Así predicó Hermes: "¡Oh gentes de la tierra, hombres nacidos y hechos de los elementos, pero con el espíritu del Hombre Divino dentro de ustedes! ¡Despierten de su sueño de ignorancia! Sean sobrios y reflexivos. Comprendan que su hogar no está en la tierra sino en la Luz. ¿Por qué se han entregado a la muerte, pudiendo participar de la inmortalidad? Arrepiéntanse y cambien de parecer. Apártense de la luz oscura y abandonen la corrupción para siempre. Prepárense para escalar los Siete Anillos y fundir sus almas con la Luz eterna".

Algunos de los que escucharon se burlaron y mofaron, siguiendo su camino, entregándose a la Segunda Muerte de la que no hay salvación. Pero otros, arrojándose a los pies de Hermes, le suplicaron que les enseñara el Camino de la Vida. Él los levantó con suavidad, sin buscar aprobación para sí mismo, y con bastón en mano, partió enseñando y guiando a la humanidad, mostrándoles cómo podían salvarse. En los mundos de los hombres, Hermes sembró las semillas de la sabiduría y las nutrió con las Aguas Inmortales. Y al llegar el atardecer de su vida, cuando el resplandor de la luz terrena comenzaba a extinguirse, ordenó a sus discípulos conservar inviolables sus doctrinas a través de todas las eras. La Visión de Poimandres la puso por escrito para que todos los hombres deseosos de inmortalidad pudieran hallar en ella el camino.

Al concluir su exposición de la Visión, Hermes escribió: "El sueño del cuerpo es la sobria vigilia de la Mente, y el cierre de mis ojos revela la verdadera Luz. Mi silencio está colmado de vida naciente y esperanza, y rebosa de bien. Mis palabras son las flores del fruto del árbol de mi alma. Pues este es el relato fiel de lo que recibí de mi Mente verdadera, Poimandres, el Gran Dragón, el Señor de la Palabra, a través del cual fui inspirado por Dios con la Verdad. Desde ese día, mi Mente ha estado siempre conmigo y en mi propia alma ha dado a luz a la Palabra: la Palabra es Razón, y la Razón me ha redimido. Por eso, con toda mi alma y todas mis fuerzas, alabo y bendigo a Dios Padre, la Vida y la Luz, y el Bien Eterno."

"Santo es Dios, el Padre de todas las cosas, el que es antes del Primer Principio.

Santo es Dios, cuya voluntad es realizada y cumplida por Sus propios Poderes que Él ha hecho nacer de Sí mismo.

Santo es Dios, que ha determinado que Él sea conocido, y que es conocido por los Suyos a quienes Él se revela.

Santo eres Tú, que por Tu Palabra (Razón) has establecido todas las cosas.

Santo eres Tú, de quien toda la Naturaleza es imagen.

Santo eres Tú, a quien la naturaleza inferior no ha formado.

Santo eres Tú, que eres más fuerte que todos los poderes.

Santo eres Tú, que eres más grande que toda exccelencia.

Santo eres Tú, que eres mejor que toda alabanza.

Acepta estos sacrificios razonables de un alma pura y un corazón extendido hacia Ti.

¡Oh Tú, Inefable, Inenarrable, para ser alabado con el silencio!

Te suplico que mires misericordiosamente hacia mí, para que no me desvíe del conocimiento de Ti y pueda iluminar a aquellos que están en la ignorancia, mis hermanos y Tus hijos.

Por lo tanto, Te creo y doy testimonio de Ti, y parto en paz y confiado hacia Tu Luz y Vida.

¡Bendito eres Tú, oh Padre! El hombre que Tú has formado será santificado Contigo como Tú le has dado poder para santificar a otros con Tu Palabra y Tu Verdad."

La Visión de Hermes, como casi todos sus discursos, es una exposición alegórica de grandes verdades filosóficas y místicas, y su significado oculto sólo puede ser comprendido por aquellos que han sido "elevados" a la presencia de la Mente Verdadera.

El Legado Hermético

Los antiguos egipcios atesoraban la sabiduría que les fue transmitida por aquel a quien llamaban Hermes Trismegisto, el Tres Veces Grande. Este maestro de todas las artes y ciencias, gobernante de los Tres Mundos, era considerado la encarnación misma de la Mente Universal.

A través de las eras, su conocimiento ha sido preservado y compartido por una sucesión de sabios. Aunque es imposible separar al Hermes histórico de las leyendas que lo rodean, su influencia ha perdurado en las tradiciones esotéricas.

En las ceremonias sagradas de los egipcios, se honraba a Hermes y se exponían los principios fundamentales de su filosofía. El Cantor entonaba himnos a los dioses y recitaba las regulaciones para la vida del rey. El Astrólogo, portando un reloj y una palma, dominaba los libros astrológicos de Hermes, que revelaban el orden de las estrellas, las conjunciones de los astros y sus movimientos en el firmamento.

El Escriba Sagrado, con alas en la cabeza y un libro y una regla en la mano, estaba versado en los jeroglíficos y poseía conocimientos de cosmografía, geografía y la posición de los cuerpos celestes. A su vez, el Estoqueador, con el codo de la justicia y la copa para las libaciones, conocía los puntos relativos a la formación y al sacrificio.

Finalmente, el Profeta, llevando la vasija de agua y seguido por los portadores de panes, gobernaba el templo y dominaba los libros "hieráticos", que contenían las leyes, el conocimiento de los dioses y la formación de los sacerdotes.

Así, la filosofía hermética abarcaba todas las esferas del saber, desde la música y la astrología hasta la medicina y la teología. Su transmisión oral de maestros a discípulos ha permitido que este legado trascienda el tiempo y llegue hasta nuestros días.

Aunque muchos de los escritos originales se perdieron en el fuego y el caos de la historia, la esencia de las enseñanzas de Hermes Trismegisto persiste. Aquellos iniciados en las escuelas secretas aún custodian este conocimiento, preservándolo para las generaciones venideras.

En esta era, la sabiduría hermética continúa iluminando a quienes buscan comprender los misterios del universo y del ser humano. Sus principios eternos, transmitidos de boca en boca y de corazón a corazón, siguen siendo una guía para la transformación individual y colectiva.

Que las palabras del Maestro resuenen en el alma de quienes se adentran en este sendero ancestral, revelando los secretos de la naturaleza y el potencial divino que yace en cada uno de nosotros. Pues, como bien lo expresó Hermes Trismegisto: "Lo que está abajo es como lo que está arriba, y lo que está arriba es como lo que está abajo, para realizar los milagros de la Cosa Una".

Parte I – Enseñanzas de Hermes Trismegisto

A través de los siglos, de boca en boca, de maestro a discípulo, se ha preservado el conocimiento de que Hermes fue el autor de un vasto número de libros y tratados. Algunos afirman que fueron veinte mil, otros elevan la cifra a más de treinta y seis mil. Mas no es la cantidad lo que importa, sino la profundidad y amplitud de las artes y ciencias que él reveló a la humanidad.

Hermes legó la medicina, la química, el derecho, la arquitectura, la astrología, la música, la retórica, la magia, la filosofía, la geografía, las matemáticas -especialmente la geometría-, la anatomía y la oratoria. Tal fue su sabiduría que los griegos lo compararon con Orfeo.

Como bien expresó un estudioso: "Si Dios alguna vez apareció en el hombre, apareció en él, como es evidente tanto por sus libros como por su Divino Poimandres; en cuyas obras ha comunicado la suma del Abismo, y el conocimiento divino a toda la posteridad; por lo que ha demostrado haber sido no sólo un divino inspirado, sino también un filósofo profundo, obteniendo su sabiduría de Dios y de las cosas celestiales, y no del hombre".

Su aprendizaje trascendental hizo que Hermes fuera identificado con muchos de los primeros sabios y profetas. Se dice que era el mismo Cadmo, el mismo Thoth egipcio, el mismo Enoch para los judíos. Los griegos lo acogieron en su mitología como Hermes, y los latinos como Mercurio. Fue venerado a través de la forma del planeta Mercurio porque este cuerpo celeste es el más cercano al sol, y de todas las criaturas, Hermes era el más cercano a Dios, siendo conocido como el Mensajero de los Dioses.

En las representaciones egipcias, Thoth lleva una tablilla de escritura y sirve como registrador durante el pesaje de las almas de los muertos en la Sala del Juicio de Osiris, un ritual de gran trascendencia. Hermes es de suma importancia para los estudiosos masónicos, pues fue el autor de sus rituales iniciáticos, tomados de los Misterios que él mismo estableció. Casi todos los símbolos masónicos son de carácter hermético.

Pitágoras estudió matemáticas con los egipcios y de ellos obtuvo su conocimiento de los sólidos geométricos simbólicos. A Hermes también se le venera por su reforma del calendario, aumentando el año de 360 a 365 días, un precedente que aún prevalece.

Hermes recibió el apelativo de "Tres Veces Más Grande" porque se le consideraba el más grande de todos los filósofos, el más grande de todos los sacerdotes y el más grande de todos los reyes. Hasta en los tiempos modernos, poetas como Henry Wadsworth Longfellow le han rendido homenaje en odas líricas.

Los Fundamentos de la Sabiduría Hermética

"Los labios de la sabiduría permanecen sellados, excepto para los oídos del entendimiento."

- Hermes Trismegisto

Desde el antiguo Egipto han emanado las enseñanzas esotéricas y ocultas fundamentales que, durante milenios, han influido poderosamente en las filosofías de todas las razas, naciones y pueblos. Egipto, tierra de las pirámides y la esfinge, fue la cuna de la Sabiduría Secreta y las Enseñanzas Místicas. Todas las naciones han bebido generosamente de la fuente de conocimiento que los Hierofantes y Maestros de la tierra de Isis ofrecían a aquellos preparados para participar del gran tesoro de Sabiduría Mística y Oculta acumulada por las mentes privilegiadas de esa antigua tierra.

En el Egipto de antaño moraban los grandes Adeptos y Maestros, raramente igualados y jamás superados en los siglos transcurridos desde los días del Gran Hermes. Allí se hallaba la Gran Logia de Logias de los Místicos. A las puertas de sus Templos llamaron los Neófitos que, más tarde, como Hierofantes, Adeptos y Maestros, viajaron a los confines de la tierra, portando consigo el valioso conocimiento que estaban dispuestos a transmitir a quienes estuvieran preparados para recibirlo. Todo estudiante de lo Oculto reconoce la deuda contraída con estos venerables Maestros de aquella antigua tierra.

Pero entre estos grandes Maestros del antiguo Egipto hubo una vez uno a quien los demás aclamaban como "El Maestro de Maestros". Este ser, si en verdad fue un hombre, habitó en Egipto durante los albores de su historia. Era conocido como Hermes Trismegisto, padre de la Sabiduría Oculta, fundador de la Astrología y descubridor de la Alquimia. Los detalles de su vida se han perdido en la bruma del tiempo, pese a que varios países antiguos se disputaron el honor de haber sido su cuna, y esto ocurrió hace miles de años. La fecha exacta de su estancia en Egipto, que fue su última encarnación en este planeta, se desconoce, pero se sitúa en los primeros días de las más antiguas dinastías, mucho antes de los tiempos de Moisés. Las mejores autoridades lo consideran contemporáneo de Abraham, y algunas tradiciones judías afirman que este último adquirió de Hermes mismo una parte de su conocimiento místico.

A medida que los años siguieron a su partida (la tradición dice que vivió tres siglos en la carne), los egipcios lo divinizaron, convirtiéndolo en uno de sus dioses bajo el nombre de Thoth. Siglos después, los antiguos griegos también lo elevaron a la categoría divina, llamándolo "Hermes, el dios de la Sabiduría". Los egipcios veneraron su memoria durante muchos siglos -decenas de siglos-, otorgándole el título distintivo de "Trismegisto", que significa "tres veces grande", "el grande entre los grandes", "el más grande de los grandes". En todas las tierras antiguas, el nombre de Hermes Trismegisto era sinónimo de "Fuente de Sabiduría".

Aún hoy empleamos el término "hermético" en el sentido de "secreto", "sellado de forma que nada pueda escapar", pues los seguidores de Hermes siempre observaron el principio del secreto en sus enseñanzas. No creían en "arrojar perlas a los cerdos", sino que se aferraron a las máximas "leche para los niños" y "carne para los hombres fuertes", ambas familiares para los lectores de las escrituras cristianas, pero utilizadas por los egipcios siglos antes de la era cristiana.

Esta política de cuidadosa diseminación de la verdad ha caracterizado siempre a los Herméticos, hasta nuestros días. Las Enseñanzas Herméticas se encuentran en todas las tierras, entre todas las religiones, pero nunca se identifican con ningún país ni secta religiosa en particular. Esto se debe a la advertencia de los antiguos maestros de no permitir que la Doctrina Secreta se cristalizara en un credo. La sabiduría detrás de esta precaución resulta evidente para todo estudiante de historia.

El antiguo ocultismo de la India y Persia degeneró en gran medida al convertirse los maestros en sacerdotes, mezclando así teología con filosofía. Como resultado, el ocultismo de esos países se perdió gradualmente en medio de la masa de superstición religiosa, cultos, credos y "dioses". Lo mismo sucedió en la Grecia y Roma clásicas. Tal fue el destino de las Enseñanzas Herméticas de los Gnósticos y Primeros Cristianos, que se perdieron en tiempos de Constantino, cuya mano de hierro sofocó la filosofía con el manto de la teología. La Iglesia Cristiana extravió así lo que era su propia esencia y espíritu, deambulando a tientas durante siglos antes de reencontrar el sendero de regreso a su antigua fe, con indicios evidentes en este Siglo XX de que lucha por retornar a sus antiguas enseñanzas místicas.

Sin embargo, siempre hubo unas pocas almas fieles que mantuvieron viva la Llama, velando por ella con esmero para que su luz no se extinguiera. Y gracias a estos corazones firmes y mentes decididas, la verdad aún perdura entre nosotros. Pero en su mayor parte no se halla en los libros. Se ha transmitido de Maestro a Discípulo, de Iniciado a Hierofante, de labios a oídos. Cuando se plasmaba por escrito, su significado se velaba en términos de alquimia y astrología, de modo que sólo quienes poseían la clave pudieran interpretarlo correctamente. Esto fue necesario para evitar las persecuciones de los teólogos medievales, que combatieron la Doctrina Secreta con fuego y espada, estaca, horca y cruz. Hasta hoy son escasos los libros confiables sobre la Filosofía Hermética, aunque abunden las referencias a ella en numerosos textos sobre diversas ramas del Ocultismo. No obstante, la Filosofía Hermética es la única Llave Maestra capaz de abrir todas las puertas de las Enseñanzas Ocultas.

En los primeros tiempos existió una compilación de ciertas Doctrinas Herméticas Básicas, transmitida oralmente de maestro a discípulo, conocida como "EL KYBALION", cuyo significado exacto se perdió hace siglos. Sin embargo, esta enseñanza es bien conocida por muchos a quienes ha sido legada, de boca en boca, generación tras generación. Hasta donde sabemos, sus preceptos nunca fueron escritos ni impresos. No era más que una colección de máximas, axiomas y preceptos incomprensibles para los extraños, pero de fácil comprensión para los estudiantes una vez que los Iniciados Herméticos los explicaban y ejemplificaban a sus Neófitos. Estas enseñanzas constituían en realidad los principios básicos del "Arte de la Alquimia Hermética" que, contrariamente a la creencia popular, se ocupaba del dominio de las Fuerzas Mentales más que de los Elementos Materiales; de la Transmutación de un tipo de Vibraciones Mentales en otras, más que de la transformación de un metal en otro. La leyenda de la "Piedra Filosofal" capaz de transmutar el metal común en Oro era una alegoría relativa a la Filosofía Hermética, fácilmente comprensible para todo estudiante del verdadero Hermetismo.

En este breve libro, del cual ésta es la Primera Lección, invitamos a nuestros estudiantes a examinar las Enseñanzas Herméticas tal como fueron expuestas por Hermes Trismegisto y transmitidas a través de los siglos. Las explicamos nosotros, humildes estudiantes de las Enseñanzas, que si bien ostentamos el título de Iniciados, seguimos siendo discípulos a los pies de HERMES, el Maestro. Compartimos aquí muchas de las máximas, axiomas y preceptos de Hermes, junto con explicaciones e ilustraciones que consideramos pueden facilitar su comprensión por parte del estudiante moderno, especialmente porque el texto original empleaba a propósito términos oscuros.

Las máximas, axiomas y preceptos originales de Hermes Trismegisto se presentan en cursiva, otorgándoles el debido reconocimiento. Nuestro propio trabajo aparece en tipografía normal, en el cuerpo de la obra. Esperamos que los numerosos estudiantes a quienes ahora ofrecemos este pequeño volumen obtengan tanto beneficio del estudio de sus páginas como lo han obtenido los muchos que nos precedieron, transitando el mismo Sendero hacia la Maestría durante los siglos transcurridos desde los tiempos de HERMES TRISMEGISTO -el Maestro de Maestros, el Grande entre los Grandes. En palabras del propio Hermes:

"Donde pisan los pies del Maestro, los oídos de quienes están listos para recibir sus palabras se abren de par en par."

- Hermes Trismegisto

"Cuando los oídos del estudiante están preparados para escuchar, entonces acuden los labios para colmarlos de Sabiduría."

- Hermes Trismegisto

Así, de acuerdo con las Enseñanzas, la llegada de este libro a manos de quienes estén listos para la instrucción atraerá la atención de los preparados para recibir la Enseñanza. Y, asimismo, cuando el discípulo esté listo para acoger la verdad, entonces este librito llamará a su puerta. Tal es La Ley. El Principio Hermético de Causa y Efecto, en su aspecto de Ley de Atracción, unirá labios y oídos, alumno y libro en el momento justo. ¡Que así sea!

Sobre El Kybalión

El Kybalion fue una obra publicada en 1908 por los misteriosos "Tres Iniciados" y es un texto donde la antigua sabiduría hermética cobraba vida una vez más, pero adaptada a los buscadores espirituales de su era.

Aunque la verdadera identidad de sus autores permanece envuelta en el misterio, se cree que William Walker Atkinson, destacado escritor y pionero del movimiento del Nuevo Pensamiento, fue el principal artífice detrás de este influyente tratado. El Kybalion, lejos de ser una traducción literal de los textos herméticos originales, como la Tabla Esmeralda o el Corpus Hermeticum, se presenta como una interpretación y síntesis de los principios herméticos, vertidos en un lenguaje accesible que resuena con el espíritu de los tiempos modernos.

Uno de los aspectos centrales de El Kybalion es su énfasis en el poder transformador de la mente. Según sus enseñanzas, el universo es mental por naturaleza, y el pensamiento es la fuerza creadora suprema. Al aprender a controlar y dirigir nuestros pensamientos, nos convertimos en arquitectos de nuestro destino, capaces de moldear la realidad y desentrañar los misterios de la existencia.

El Kybalion también nos introduce al concepto del "Todo", la fuente infinita, eterna e inmutable de la que emana toda la creación. Lejos de ser una deidad personal, el Todo se presenta como una fuerza impersonal, omnipresente y omnipotente que subyace a todo lo manifestado. El libro nos invita a reconocer nuestra unidad con esta fuente primordial y a esforzarnos por comprender más profundamente nuestra naturaleza divina.

Si bien El Kybalion ha dejado una huella indeleble en el pensamiento esotérico moderno, es importante abordarlo con una mirada crítica. Como adaptación moderna de las enseñanzas herméticas, el libro no es una representación literal de los textos originales, sino que filtra estos principios a través de la lente de la filosofía del Nuevo Pensamiento de principios del siglo XX, con su énfasis en el poder del pensamiento positivo y la capacidad del individuo para moldear su realidad a través del dominio mental.

Además, la existencia histórica de Hermes Trismegisto y la autenticidad de los textos que se le atribuyen han sido objeto de debate académico. Muchos estudiosos consideran que los escritos herméticos son obra de múltiples autores anónimos del periodo helenístico, que fusionaron tradiciones filosóficas y religiosas de Grecia, Egipto y el Próximo Oriente.

El mensaje central transmitido por "El Kybalión" al ámbito intelectual y espiritual global radica en la elucidación de las siete leyes fundamentales, atribuidas a Hermes Trismegisto, que constituyen los pilares sobre los cuales se erige la sabiduría hermética. Estos principios, conocidos colectivamente como Los Siete Pilares Herméticos, se detallarán a continuación.

Los Siete Pilares Herméticos

Según los estudios históricos sobre Hermes Trismegisto, estas son las palabras que el tres veces grande revelaba a aquellos considerados dignos de recibir su sabiduría eterna:

"Existen siete principios primordiales que constituyen la verdad universal. Quien los comprenda cabalmente, poseerá la llave maestra que abre de par en par las puertas del templo del conocimiento".

Los siete pilares sobre los que se erige la filosofía hermética son:

1. El Principio del Mentalismo

2. El Principio de Correspondencia

3. El Principio de Vibración

4. El Principio de Polaridad

5. El Principio del Ritmo

6. El Principio de Causa y Efecto

7. El Principio de Género

A continuación, se presenta una breve explicación de cada uno de ellos, tal como fueron enseñados por el maestro Hermes a sus discípulos a través de los siglos, según los registros históricos.

1. El Principio del Mentalismo

Hermes Trismegisto proclamaba: "Todo es mente; el universo es mental". Este principio encierra la verdad de que la realidad subyacente a todas las manifestaciones externas que percibimos es espíritu, una mente viva, universal e infinita denominada "El Todo". El universo fenoménico es una creación mental de El Todo, sujeta a las leyes de lo creado. En la mente de El Todo existimos, nos movemos y tenemos nuestro ser.

La comprensión de este principio permite entender los fenómenos mentales y psíquicos, así como las leyes del universo mental. Con esta llave maestra, el estudiante puede abrir inteligentemente las puertas del templo del conocimiento. El principio del mentalismo explica la verdadera naturaleza de la energía, el poder y la materia, subordinados todos a la maestría de la mente.

Según los registros, Hermes enseñaba que "quien comprende la naturaleza mental del universo ha avanzado grandemente en el sendero hacia la maestría".

2. El Principio de Correspondencia

El antiguo axioma hermético reza: "Como es arriba, es abajo; como es abajo, es arriba". Este principio revela la verdad de que siempre existe una correspondencia entre las leyes y fenómenos de los diversos planos del ser y de la vida. Hay planos más allá de nuestro conocimiento, pero cuando se aplica este principio, se puede comprender mucho de lo que de otro modo sería incognoscible.

Así como el conocimiento de los principios de la geometría permite al hombre medir distantes soles y sus movimientos, el principio de correspondencia permite al ser humano razonar inteligentemente de lo conocido a lo desconocido. Estudiando la mónada, se comprende al arcángel.

3. El Principio de Vibración

Hermes afirmaba: "Nada reposa; todo se mueve; todo vibra". Este principio establece que todo está en movimiento, todo vibra, nada permanece inmóvil. Las diferencias entre las diversas manifestaciones de la materia, la energía, la mente e incluso el espíritu, resultan en gran medida de sus diferentes tasas de vibración. Desde El Todo, que es puro espíritu, hasta la forma más densa de materia, todo vibra. Cuanto más alta es la vibración, más elevada es la posición en la escala.

Entre estos polos hay millones de grados de vibración. Desde el corpúsculo y el electrón, el átomo y la molécula, hasta los mundos y universos, todo está en movimiento vibratorio. Lo mismo ocurre en los planos de la energía, la fuerza, la mente y el espíritu.

Según los estudios, el maestro enseñaba que "quien comprende el principio de vibración ha empuñado el cetro del poder".

4. El Principio de Polaridad

Hermes Trismegisto revelaba: "Todo es dual; todo tiene polos; todo tiene su par de opuestos". Este principio explica las antiguas paradojas que han dejado perplejos a tantos. Tesis y antítesis son idénticas en naturaleza, pero difieren en grado. Los opuestos son lo mismo, diferenciándose sólo en grado. Los extremos se tocan y todas las verdades no son sino medias verdades.

En todo hay dos polos o aspectos opuestos, y los "opuestos" no son en realidad más que los dos extremos de una misma cosa, con muchos grados intermedios. Calor y frío, aunque opuestos, son en realidad la misma cosa, y las diferencias consisten simplemente en grados de la misma cosa. Lo mismo aplica a luz y oscuridad, grande y pequeño, duro y blando, ruido y silencio, alto y bajo, positivo y negativo.

El principio de polaridad explica estas paradojas y ningún otro principio puede reemplazarlo. También opera en el plano mental, donde se encuentran el amor y el odio, dos estados mentales aparentemente opuestos. Y, más importante aún, es posible transmutar las vibraciones de odio en vibraciones de amor en la propia mente y en la de otros.

Según los registros, Hermes enseñaba que "el bien y el mal no son sino los polos de una misma cosa, y el artista hermético transmuta uno en otro mediante el arte de la polarización".

5. El Principio del Ritmo

El gran maestro proclamaba: "Todo fluye y refluye; todo tiene sus mareas; todo sube y baja". Este principio encarna la verdad de que en todo se manifiesta un movimiento medido, un flujo y reflujo, una oscilación pendular. Hay siempre una acción y una reacción, un avance y un retroceso, un ascenso y un descenso. Esta ley se manifiesta en la creación y destrucción de mundos, en el auge y caída de naciones, en la vida de todas las cosas y finalmente en los estados mentales del ser humano.

Los hermetistas han captado este principio, descubriendo ciertos medios para sobreponerse a sus efectos mediante el uso de las fórmulas y métodos apropiados. No pueden anular el principio, pero han aprendido a escapar de sus efectos sobre sí mismos hasta cierto punto, polarizándose en el punto deseado y luego neutralizando la oscilación rítmica del péndulo que tendería a llevarlos al otro polo.

Según los estudios, Hermes revelaba que "los maestros herméticos se elevan mentalmente a un plano superior, y desde allí dominan sus estados de ánimo, caracteres, cualidades y poderes, así como el entorno que los rodea, convirtiéndose en jugadores en lugar de peones en el tablero de la vida".

6. El Principio de Causa y Efecto

Hermes Trismegisto afirmaba: "Toda causa tiene su efecto; todo efecto tiene su causa; todo sucede de acuerdo a la ley". Este principio explica que nada ocurre por casualidad, que la casualidad no es más que un nombre para la ley no reconocida, que aunque hay diversos planos de causalidad, nada escapa a esta ley. Los hermetistas comprenden el arte y los métodos de elevarse por encima del plano ordinario de causa y efecto hasta cierto grado, convirtiéndose en causantes en lugar de simples efectos.

Según los registros, el maestro enseñaba que "las masas son peones en el tablero de la vida, pero los maestros se elevan a un plano superior, dominando sus estados, cualidades y poderes, así como el entorno que los rodea. Ayudan a jugar el juego de la vida en lugar de ser jugados y movidos por otras voluntades y entornos".

7. El Principio de Género

Hermes revelaba: "El género está en todo; todo tiene sus principios masculino y femenino; el género se manifiesta en todos los planos". Este principio encierra la verdad de que los principios masculino y femenino están siempre en acción. En el plano físico, se manifiesta como sexo; en los planos superiores toma formas más elevadas, pero el principio es siempre el mismo. Ninguna creación física, mental o espiritual es posible sin este principio.

Según los estudios, el maestro enseñaba que "cada persona contiene ambos elementos o principios. Si se quiere comprender la filosofía de la creación mental y espiritual, se debe estudiar y comprender este principio hermético".

Sin embargo, los registros muestran que Hermes advertía contra las enseñanzas lujuriosas, perniciosas y degradantes que algunos promulgaban bajo títulos fantasiosos. Proclamaba: "Tales resurgimientos de antiguas formas infames de falicismo tienden a arruinar la mente, el cuerpo y el alma. La filosofía hermética siempre ha hecho sonar la nota de advertencia contra estas enseñanzas degradantes que tienden hacia la perversión de los principios de la Naturaleza".

El Arte de la Alquimia Mental

La mente, al igual que los metales y los elementos, puede ser transmutada de un estado a otro, de un grado a otro, de una condición a otra, de un polo a otro, de una vibración a otra. La auténtica transmutación hermética es, en esencia, un arte mental.

Los hermetistas, siguiendo las enseñanzas directas de Hermes, fueron los alquimistas, astrólogos y psicólogos originales. De la astrología hermética surgió la astronomía moderna; de la alquimia hermética nació la química actual; y de la psicología mística se desarrolló la psicología contemporánea. Sin embargo, sería un error suponer que los antiguos carecían del conocimiento que las escuelas modernas consideran de su exclusiva propiedad. Los registros grabados en las piedras del Antiguo Egipto evidencian de manera concluyente que los antiguos poseían un conocimiento completo de la astronomía. La construcción misma de las Pirámides demuestra la conexión entre su diseño y el estudio de esta ciencia. Tampoco desconocían la química, pues los fragmentos de los antiguos escritos revelan que comprendían las propiedades químicas de las sustancias. De hecho, las antiguas teorías sobre la física están siendo paulatinamente verificadas por los más recientes descubrimientos de la ciencia moderna, especialmente en lo relativo a la constitución de la materia. Asimismo, no debe asumirse que ignoraban los llamados descubrimientos modernos en psicología. Por el contrario, los egipcios eran particularmente diestros en la ciencia de la Psicología, sobre todo en las ramas que las escuelas modernas desconocen, pero que, no obstante, están siendo redescubiertas bajo el nombre de "ciencia psíquica", dejando perplejos a los psicólogos actuales y obligándoles a admitir, aunque a regañadientes, que "quizás haya algo en ello después de todo".

La verdad es que, más allá de la química, la astronomía y la psicología materiales (es decir, la psicología en su fase de "acción cerebral"), los antiguos, siguiendo a Hermes, poseían un conocimiento de astronomía trascendental, llamada astrología; de química trascendental, denominada alquimia; y de psicología trascendental, conocida como psicología mística. Dominaban tanto el Conocimiento Interior como el Conocimiento Exterior, mientras que los científicos modernos sólo poseen este último. Entre las numerosas ramas secretas del conocimiento que poseían los hermetistas, se encontraba la conocida como Transmutación Mental, que constituye el tema central de esta lección.

La "Transmutación" es un término empleado generalmente para designar el antiguo arte de la transformación de los metales, particularmente de los metales comunes en oro. La palabra "Transmutar" significa "cambiar de una naturaleza, forma o sustancia a otra; transformar". En consecuencia, la "Transmutación Mental" se refiere al arte de cambiar y transformar estados, formas y condiciones mentales en otros. La Transmutación Mental es, por tanto, el "Arte de la Química Mental", una forma de Psicología Mística práctica.

Pero esto implica mucho más de lo que parece a primera vista. La Transmutación, Alquimia o Química en el Plano Mental es de suma importancia en sus efectos y, sin duda, aunque el arte se detuviera allí, seguiría siendo una de las ramas de estudio más trascendentes conocidas por el ser humano. Sin embargo, esto es sólo el comienzo.

El primero de los Siete Principios Herméticos es el Principio del Mentalismo, cuyo axioma, tal como lo enunció Hermes Trismegisto, es "EL TODO es Mente; el Universo es Mental", lo que significa que la Realidad Subyacente del Universo es Mente y que el propio Universo es Mental, es decir, existe en la Mente del TODO. Reflexionaremos sobre este Principio en lecciones sucesivas, pero consideremos el efecto del mismo si se asume como cierto.

Si el Universo es Mental en su naturaleza, entonces la Transmutación Mental debe ser el arte de CAMBIAR LAS CONDICIONES DEL UNIVERSO, en lo que respecta a la Materia, la Fuerza y la Mente. Vemos, pues, que la Transmutación Mental es realmente la "Magia" de la que tanto hablaban los antiguos escritores en sus obras místicas y sobre la cual ofrecían tan pocas instrucciones prácticas. Si todo es mental, entonces el arte que permite transmutar las condiciones mentales debe convertir al Maestro en el controlador de las condiciones materiales, así como de las comúnmente llamadas "mentales".

En realidad, sólo los Alquimistas Mentales avanzados han sido capaces de alcanzar el grado de poder necesario para controlar las condiciones físicas más groseras, tales como el dominio de los elementos de la Naturaleza, la producción o cese de tempestades, la generación y detención de terremotos y otros grandes fenómenos físicos. Pero que tales hombres han existido y existen en la actualidad es una firme creencia para todos los ocultistas avanzados de todas las escuelas. Que los Maestros existen y poseen estos poderes lo aseguran los mejores maestros a sus estudiantes, habiendo tenido experiencias que los justifican en tal creencia y afirmaciones. Estos Maestros no hacen exhibiciones públicas de sus facultades, sino que buscan la reclusión lejos de las multitudes, a fin de trabajar mejor su mayor a lo largo del Sendero del Logro. Mencionamos su existencia en este punto simplemente para llamar la atención sobre el hecho de que su poder es enteramente Mental y opera a lo largo de las líneas de la Transmutación Mental superior, bajo el Principio Hermético del Mentalismo que Hermes Trismegisto transmitió.

"El Universo es Mental", tal como enseñó el gran Hermes.

Sin embargo, los estudiantes y hermetistas de menor grado que los Maestros -los Iniciados y los Maestros- pueden operar libremente en el Plano Mental, en la Transmutación Mental. De hecho, todo lo que denominamos "fenómenos psíquicos", "influencia mental", "ciencia mental", "fenómenos de nuevo pensamiento", etc., funciona según las mismas líneas generales, pues no hay más que un principio involucrado, independientemente del nombre que se dé a los fenómenos.

El estudiante y practicante de la Transmutación Mental trabaja en el Plano Mental, transmutando condiciones mentales, estados, etc., en otros, según diversas fórmulas, más o menos eficaces. Los diversos "tratamientos", "afirmaciones", "negaciones", etc., de las escuelas de ciencia mental no son sino fórmulas, a menudo bastante imperfectas y acientíficas, del Arte Hermético. La mayoría de los practicantes modernos son bastante ignorantes en comparación con los antiguos maestros, pues carecen de los conocimientos fundamentales en que se basa la obra.

No sólo los estados mentales propios pueden ser modificados o transmutados mediante los Métodos Herméticos, sino que también los estados de otros pueden ser, y son, constantemente transmutados de la misma manera, generalmente de forma inconsciente, pero a menudo conscientemente por algunos que comprenden las leyes y principios, en los casos en que las personas afectadas no están informadas de los principios de autoprotección. Y más aún, como muchos estudiantes y practicantes de la ciencia mental moderna saben, cada condición material que depende de las mentes de otras personas puede ser modificada o transmutada de acuerdo con el deseo ferviente, la voluntad y los "tratamientos" de la persona que desea cambiar las condiciones de vida. El público está tan generalmente informado sobre estas cosas en la actualidad que no consideramos necesario extendernos sobre ellas, ya que nuestro propósito en este punto es simplemente mostrar el Principio Hermético y el Arte que subyace a todas estas diversas formas de práctica, buenas y malas, ya que la fuerza puede ser utilizada en direcciones opuestas de acuerdo con los Principios Herméticos de Polaridad.

En este pequeño libro expondremos los principios básicos de la Transmutación Mental, para que todos los que lean puedan comprender los Principios Subyacentes y poseer así la Llave Maestra que abrirá las muchas puertas del Principio de Polaridad.

A continuación, consideraremos el primero de los Siete Principios Herméticos: el Principio del Mentalismo, en el cual se explica la verdad de que "EL TODO es Mente; el Universo es Mental", según las palabras del propio Hermes Trismegisto. Pedimos prestar mucha atención y estudiar cuidadosamente este gran Principio, porque es realmente el Principio Básico de toda la Filosofía Hermética y del Arte Hermético de la Transmutación Mental.

Realidad Sustancial y Verdad Eterna

"Por debajo y más allá del Universo del Tiempo, el Espacio y el Cambio, yace eternamente la Realidad Sustancial, la Verdad Fundamental".

Sustancia significa aquello que subyace a toda manifestación externa; la esencia; la realidad esencial; la cosa en sí misma. Sustancial denota lo que existe realmente; ser el elemento esencial; ser real. Realidad se refiere al estado de ser real; verdadero, duradero; válido; fijo; permanente; actual.

Tras todas las apariencias o manifestaciones externas, siempre debe existir una Realidad Sustancial. Esta es la Ley. El ser humano, al contemplar el Universo del cual forma parte, solo percibe cambios en la materia, las fuerzas y los estados mentales. Observa que nada ES realmente, sino que todo está VOLVIÉNDOSE y CAMBIANDO. Nada permanece estático, todo nace, crece, muere; en el instante en que algo alcanza su cénit, comienza a declinar; la ley del ritmo opera incesantemente; no hay realidad, cualidad duradera, fijeza o sustancialidad en nada; nada es permanente, excepto el Cambio. Contempla todas las cosas evolucionando a partir de otras, y resolviéndose en otras - acción y reacción constantes; flujo y reflujo; construcción y destrucción; creación y desintegración; nacimiento, crecimiento y muerte. Nada perdura salvo el Cambio. Y si reflexiona, comprende que todas estas cosas cambiantes son meramente apariencias externas o manifestaciones de algún Poder Subyacente, alguna Realidad Sustancial.

Todos los pensadores, en todas las tierras y épocas, han asumido la necesidad de postular la existencia de esta Realidad Sustancial. Todas las filosofías dignas de tal nombre se han cimentado sobre este pensamiento. La humanidad le ha dado a esta Realidad Sustancial muchos nombres; algunos la han llamado Deidad (bajo muchos títulos). Otros la han denominado "La Energía Infinita y Eterna", y ha habido quienes han intentado llamarla "Materia", pero todos han reconocido su existencia. Es autoevidente y no requiere discusión.

En estas enseñanzas, tal como hicieron algunos de los más grandes pensadores del mundo, tanto antiguos como modernos, los Maestros Herméticos, hemos llamado a esta Energía Subyacente "La Energía Eterna". Hemos seguido el ejemplo de aquellas almas iluminadas que han alcanzado planos superiores del ser, y nos hemos referido a este Poder Subyacente, a esta Realidad Sustancial, con el nombre hermético de "EL TODO", término que consideramos el más completo de los muchos que el ser humano le ha aplicado a AQUELLO que trasciende los nombres y los términos.

Aceptamos y transmitimos la visión de los grandes pensadores herméticos de todos los tiempos, así como de aquellas almas iluminadas que han alcanzado planos superiores del ser, quienes afirman que la naturaleza interna de EL TODO es INCOGNOSCIBLE. Debe ser así, pues nada excepto EL TODO mismo puede comprender su propia naturaleza y ser.

Los hermetistas creen y enseñan que EL TODO, "en sí mismo", es y debe ser siempre incognoscible. Consideran que todas las teorías, conjeturas y especulaciones de los teólogos y metafísicos respecto a la naturaleza interna de EL TODO, no son más que intentos pueriles de mentes mortales por aferrar el secreto del Infinito. Tales esfuerzos siempre han fracasado y siempre fracasarán, por la naturaleza misma de la tarea. Quien persigue tales indagaciones gira y gira en el laberinto del pensamiento, hasta perderse para todo razonamiento, acción o conducta sanos, quedando totalmente incapacitado para la obra de la vida. Es como la ardilla que corre frenéticamente en la rueda giratoria de su jaula, viajando incesantemente sin llegar a ningún lado; al final queda inmóvil y prisionera, en el mismo lugar donde comenzó.

Y aún más presuntuosos son quienes intentan atribuirle a EL TODO la personalidad, cualidades, propiedades, características y atributos de sí mismos, asignándole a EL TODO las emociones, sentimientos y características humanas, incluso las cualidades más bajas de la humanidad, como los celos, la susceptibilidad a la adulación y la alabanza, el deseo de ofrendas y adoración, y todas las demás reliquias de los días de la infancia de la raza. Tales ideas no son dignas de hombres y mujeres maduros, y están siendo rápidamente descartadas.

Es pertinente establecer una distinción entre los conceptos de Religión y Teología, así como entre Filosofía y Metafísica. En nuestra perspectiva, la Religión constituye una comprensión intuitiva de la presencia de EL TODO, junto con la percepción de nuestra relación con dicha entidad, mientras que la Teología se enfoca en los esfuerzos humanos por asignarle personalidad, atributos y características específicas a lo divino, elaborando teorías sobre sus intenciones, deseos, planes y propósitos, y asumiendo el papel de mediadores entre EL TODO y la humanidad. Por otro lado, la Filosofía representa para nosotros la búsqueda del conocimiento respecto a lo que es cognoscible y pensable; la Metafísica, en cambio, busca extender esta indagación más allá de los límites conocidos hacia territorios inexplorados e inimaginables, compartiendo así ciertas similitudes con la Teología. Por lo tanto, tanto la Religión como la Filosofía se erigen como entidades arraigadas en la realidad tangible, a diferencia de la Teología y la Metafísica, que nos parecen estructuras precarias, fundadas en terrenos inestables de ignorancia, y que ofrecen un apoyo débil para el entendimiento o el espíritu humano. No exigimos la aceptación de estas definiciones por parte de nuestros estudiantes; las presentamos meramente para clarificar nuestro enfoque. Aun así, en este curso, se dedicará escaso espacio a la discusión de la Teología y la Metafísica.

Sin embargo, aunque la naturaleza esencial de EL TODO es incognoscible, hay ciertas verdades relacionadas con su existencia que la mente humana se ve obligada a aceptar. Y un examen de estos informes constituye un tema apropiado de investigación, particularmente cuando concuerdan con los informes de los Iluminados en los planos superiores. Y a esta indagación les invitamos ahora.

"Aquello que es la Verdad Fundamental, la Realidad Substancial, está más allá de todo nombre verdadero, pero los Sabios lo llaman EL TODO", nos enseñó Hermes Trismegisto.

"En su esencia, EL TODO es incognoscible", afirmó el gran maestro.

"Pero, el informe de la Razón debe ser hospitalariamente recibido y tratado con respeto", agregó.

La razón humana, cuyos informes debemos aceptar mientras pensemos, nos informa lo siguiente con respecto a EL TODO, sin intentar quitar el velo de lo Incognoscible:

(1) EL TODO debe ser TODO lo que REALMENTE ES. No puede haber nada existiendo fuera de EL TODO, de lo contrario EL TODO no sería EL TODO.

(2) EL TODO debe ser INFINITO, porque no hay nada más que lo defina, confine, ate, limite o restrinja. Debe ser Infinito en el Tiempo, o ETERNO, --debe haber existido siempre continuamente, porque no hay nada más que lo haya creado, y algo nunca puede evolucionar de la nada, y si alguna vez "no hubiera sido", tampoco habría existido. Debe existir continuamente por siempre, porque no hay nada que lo destruya, y nunca puede "no-ser", ni siquiera por un momento, porque algo nunca puede convertirse en nada. Debe ser Infinito en el Espacio -debe estar en Todas Partes, porque no hay lugar fuera de EL TODO- no puede ser de otra manera que continuo en el Espacio, sin ruptura, cesación, separación o interrupción, porque no hay nada que rompa, separe o interrumpa su continuidad, ni nada con lo que "rellenar los huecos". Debe ser Infinito en Poder, o Absoluto, porque no hay nada que lo limite, restrinja, constriña, confine, perturbe o condicione - no está sujeto a ningún otro Poder, porque no hay ningún otro Poder.

(3) EL TODO debe ser INMUTABLE, o no sujeto a cambio en su naturaleza real, porque no hay nada que produzca cambios en Él; nada en lo que pueda cambiar, ni de lo cual podría haber cambiado. No puede ser añadido ni sustraído; aumentado ni disminuido; ni hacerse mayor o menor en cualquier sentido. Debe haber sido siempre, y debe permanecer siempre, exactamente lo que es ahora - EL TODO - nunca ha habido, no hay ahora, y nunca habrá otra cosa en la que pueda cambiar.

Siendo EL TODO Infinito, Absoluto, Eterno e Inmutable, se deduce que cualquier cosa finita, mutable, transitoria y condicionada no puede ser EL TODO. Y como no hay Nada fuera de EL TODO, en la Realidad, entonces cualquiera y todas esas cosas finitas deben ser como Nada en la Realidad. Ahora, no se confundan ni alarmen, no estamos intentando llevarles al campo de la Ciencia Cristiana bajo el manto de la Filosofía Hermética. Existe una Reconciliación de este aparente estado contradictorio de cosas. Tengan paciencia, la alcanzaremos con el tiempo.

Observamos a nuestro alrededor lo que se llama "Materia", que constituye el fundamento físico de todas las formas. ¿Es EL TODO simplemente Materia? De ninguna manera. La Materia no puede manifestar Vida ni Mente, y como la Vida y la Mente se manifiestan en el Universo, EL TODO no puede ser Materia, porque nada se eleva más alto que su propia fuente; nada se manifiesta en un efecto que no esté en la causa; nada evoluciona como consecuente que no esté implicado como antecedente. Y entonces la Ciencia Moderna nos informa que realmente no existe tal cosa como la Materia - que lo que llamamos Materia es meramente "energía o fuerza interrumpida", esto es, energía o fuerza a un bajo índice de vibración. Como ha dicho un escritor reciente "La Materia se ha fundido en Misterio". Incluso la Ciencia Material ha abandonado la teoría de la Materia, y ahora descansa sobre la base de la "Energía".

Entonces, ¿es EL TODO mera Energía o Fuerza? No Energía o Fuerza como los materialistas usan los términos, porque su energía y fuerza son cosas ciegas, mecánicas, desprovistas de Vida o Mente. La Vida y la Mente nunca pueden evolucionar a partir de la Energía o Fuerza ciega, por la razón dada hace un momento: "Nada puede elevarse más alto que su fuente--nada evoluciona a menos que esté involucrado--nada se manifiesta en el efecto, a menos que esté en la causa." Y así EL TODO no puede ser mera Energía o Fuerza, porque, si lo fuera, entonces no habría cosas tales como Vida y Mente en existencia, y sabemos mejor que eso, porque estamos Vivos y usando la Mente para considerar esta misma cuestión, y también lo están aquellos que afirman que la Energía o la Fuerza es Todo.

¿Qué hay entonces más elevado que la Materia o la Energía que sabemos que existe en el Universo? LA VIDA Y LA MENTE -Vida y Mente en todos sus diversos grados de desarrollo. "Entonces", preguntarán, "¿quieren decirnos que EL TODO es VIDA y MENTE?". Sí, y no, es nuestra respuesta. Si se refieren a la Vida y a la Mente tal como las conocemos los pobres mortales, decimos ¡No! ¡EL TODO no es eso! "Pero, ¿a qué clase de Vida y Mente se refieren?", preguntarán.

La respuesta es "MENTE VIVA", tan por encima de lo que los mortales conocen por esas palabras, como la Vida y la Mente son más elevadas que las fuerzas mecánicas, o la materia - INFINITA MENTE VIVA en comparación con la finita "Vida y Mente". Queremos decir lo que las almas iluminadas quieren decir cuando pronuncian reverentemente la palabra: "ESPÍRITU".

"EL TODO" es Mente Viva Infinita - ¡los Iluminados la llaman ESPÍRITU! Así nos lo reveló Hermes Trismegisto.

El Universo Es Mental

"El Universo es Mental, sostenido en la Mente del TODO". Estas palabras, pronunciadas hace eones por el gran maestro Hermes Trismegisto, encierran una verdad profunda que ha sido transmitida de generación en generación a través de sus discípulos.

EL TODO es ESPÍRITU, una realidad que trasciende nuestra comprensión limitada. Los mortales le damos el nombre de Espíritu a aquello que concebimos como la Mente Viviente Infinita, la Esencia Real que está más allá de la Vida y la Mente tal como las conocemos. Reconocemos humildemente que no podemos comprenderlo plenamente, pero debemos esforzarnos por pensar en ello si deseamos acercarnos a la sabiduría.

Reflexionemos ahora sobre la naturaleza del Universo en su totalidad y en sus partes. ¿Qué es el Universo? Sabemos que no puede haber nada fuera del TODO, pero tampoco podemos afirmar que el Universo sea EL TODO, pues parece estar compuesto de múltiples elementos en constante cambio. Si el Universo no es ni el TODO ni la Nada, ¿qué puede ser entonces? He aquí el gran enigma que ha ocupado a los pensadores a lo largo de los siglos.

Algunos filósofos han sugerido que EL TODO creó el Universo a partir de Sí mismo, pero esta idea no satisface plenamente, pues implicaría que EL TODO puede ser dividido o sustraído, lo cual es imposible. Además, si cada partícula del Universo fuera el TODO, no podría haber conciencia individual ni seres vivientes separados.

La respuesta a este misterio nos la revela el gran Hermes Trismegisto: EL TODO crea el Universo MENTALMENTE, de manera similar a como el ser humano crea imágenes en su propia mente. Así como nosotros podemos generar un universo propio en nuestra mentalidad, EL TODO genera Universos infinitos en su Mente Infinita. La diferencia radica en que nuestras creaciones son finitas, mientras que las del TODO son infinitas en grado y perfección.

Hermes Trismegisto nos enseña que el Principio de Género se manifiesta en todos los planos de la existencia, desde lo material hasta lo espiritual. Este Principio no debe confundirse con el sexo, que es meramente una manifestación física del Género. El Género se refiere a la generación o creación en todos los niveles, incluyendo la creación de Universos.

EL TODO, en sí mismo, está más allá del Género y de todas las Leyes, incluyendo el Tiempo y el Espacio. Sin embargo, cuando EL TODO se manifiesta en el plano de la creación, actúa según la Ley y el Principio de Género en sus aspectos Masculino y Femenino, en el Plano Mental.

En nuestra concepción cotidiana, reconocemos instintivamente este Principio cuando hablamos de la Paternidad de Dios y la Maternidad de la Naturaleza. El Principio Masculino, manifestado por EL TODO, proyecta su Voluntad hacia el Principio Femenino, que podemos llamar Naturaleza, y es a partir de este último que comienza el trabajo real de la evolución del Universo, siguiendo Leyes firmemente establecidas.

Hermes Trismegisto nos invita a aplicar la Ley de Correspondencia a nosotros mismos y a nuestra propia mente para comprender mejor este proceso. Así como una parte de nuestro ser, el "Yo", es testigo de la creación de imágenes mentales en nuestra mente, EL TODO permanece aparte y presencia la generación del Universo en su Mente Infinita.

No debemos caer en el error de pensar que nuestro pequeño mundo, la Tierra, es el Universo en sí mismo. Existen millones de mundos similares y mayores, y millones de Universos dentro de la Mente Infinita del TODO. Incluso en nuestro sistema solar hay regiones y planos de vida muy superiores a los nuestros, habitados por seres con poderes y atributos que superan nuestra imaginación.

Hermes Trismegisto nos revela que estos seres fueron una vez como nosotros, y que nosotros seremos como ellos en el futuro, pues tal es el Destino del ser humano. La Muerte no es real, sino meramente un Nacimiento a una nueva vida, y continuaremos explorando los recovecos más lejanos del Universo durante eones de tiempo.

Moramos en la Mente Infinita del TODO, y nuestras posibilidades son infinitas tanto en el tiempo como en el espacio. Al final del Gran Ciclo de Aeones, cuando EL TODO vuelva a atraer hacia Sí todas sus creaciones, nos uniremos gustosamente, pues entonces seremos capaces de conocer la Verdad Completa de ser Uno con EL TODO.

Estas son las enseñanzas que Hermes Trismegisto ha transmitido a sus discípulos a lo largo de los siglos, y que ahora se comparten contigo para que puedas reflexionar sobre ellas y acercarte a la sabiduría eterna. Recuerda siempre que estás seguro y protegido por el Poder Infinito de la MENTE PADRE-MADRE, pues como nos enseña el gran maestro:

"Dentro de la Mente Padre-Madre, los niños mortales están en casa".

"No hay nadie sin Padre ni sin Madre en el Universo".

La Dualidad de los Absoluto y lo Relativo

En su infinita sabiduría, Hermes nos advierte sobre el error de aquellos que, reconociendo la irrealidad comparativa del Universo, creen poder desafiar sus Leyes. Estos son los necios presuntuosos que, en su locura, se estrellan contra las rocas y son despedazados por los elementos.

En cambio, los verdaderos sabios comprenden la naturaleza del Universo y utilizan la Ley contra las leyes, lo superior contra lo inferior. Mediante el Arte de la Alquimia, transmutan lo indeseable en lo digno y así triunfan. La maestría no radica en sueños anormales, visiones o imaginaciones fantásticas, sino en emplear las fuerzas superiores contra las inferiores, escapando de los dolores de los planos inferiores al vibrar en los superiores. La transmutación, y no la negación presuntuosa, es el arma del Maestro.

He aquí la Paradoja del Universo que surge del Principio de Polaridad cuando El Todo comienza a Crear. Escuchen atentamente, pues marca la diferencia entre la media sabiduría y la verdadera sabiduría. Para El Todo Infinito, el Universo, sus Leyes, Poderes, vida y Fenómenos son como cosas presenciadas en un estado de Meditación o Sueño. Sin embargo, para todo lo finito, el Universo debe ser tratado como Real, basando en él la vida, la acción y el pensamiento, aunque siempre comprendiendo la Verdad Superior. Cada uno según su Plano y sus Leyes.

Si El Todo imaginara que el Universo es realmente la Realidad, ¡ay del Universo! No habría escapatoria de lo inferior a lo superior, el progreso sería imposible. Y si el hombre, por una sabiduría a medias, actuara como si el Universo fuera un simple sueño, se tambalearía en círculos sin avanzar, hasta despertar magullado por ignorar las Leyes Naturales.

Mantén tu mente en la Estrella, pero vigila tus pasos para no caer en el fango por mirar hacia arriba. Recuerda siempre la Divina Paradoja: aunque el Universo NO ES, aún ES. Ten presente los Dos Polos de la Verdad: lo Absoluto y lo Relativo. Cuidado con las medias verdades.

Los Maestros advierten constantemente a sus discípulos contra el error de omitir el "otro lado" de cualquier cuestión, especialmente en los problemas de lo Absoluto y lo Relativo que dejan perplejos a los estudiantes de filosofía. Es crucial captar la Divina Paradoja para no enredarse en el fango de la Verdad a medias.

El primer pensamiento tras comprender que el Universo es una Creación Mental de El Todo, es considerarlo una mera ilusión, una irrealidad. Pero esta idea, como todas las grandes verdades, debe contemplarse desde los puntos de vista Absoluto y Relativo.

Absolutamente, el Universo es ilusorio comparado con El Todo en sí mismo. Esto se reconoce incluso en la visión ordinaria al hablar del mundo como un espectáculo fugaz que va y viene, nace y muere. La impermanencia, el cambio, la finitud e insustancialidad siempre se conectan con la idea de un Universo creado al contrastarlo con El

Todo, sean cuales fueren las creencias sobre la naturaleza de ambos. Filósofos, metafísicos, científicos y teólogos concuerdan en esta idea.

Así, Hermes Trismegisto no predica la insustancialidad del Universo en términos más enérgicos que otras escuelas de pensamiento, aunque su presentación pueda parecer más sorprendente. Lo que tiene principio y fin debe ser, en cierto sentido, irreal y falso. Desde la perspectiva Absoluta, sólo El Todo es Real, sin importar los términos usados al pensar o discutir el tema.

Pero el punto de vista Absoluto muestra sólo un lado del cuadro; el otro es el Relativo. Hermes define la Verdad Absoluta como "las cosas tal como las conoce la mente de Dios", mientras que la Verdad Relativa es "las cosas tal como las comprende la razón más elevada del hombre". Entonces, aunque para El Todo el Universo sea irreal e ilusorio, un mero sueño o resultado de la meditación, para las mentes finitas que lo integran y lo perciben a través de facultades mortales, el Universo es muy real y así debe ser considerado. Al reconocer lo Absoluto, no debemos cometer el error de ignorar o negar los hechos y fenómenos del Universo tal como se presentan a nuestras facultades. No somos El Todo, hay que recordarlo.

Por ejemplo, todos reconocemos que la materia "existe" para nuestros sentidos y nos irá mal si no lo hacemos. Aun así, nuestras mentes finitas comprenden el dictamen científico de que, desde un punto de vista científico, no existe tal cosa como la Materia. Lo que llamamos Materia se sostiene que es meramente un agregado de átomos, y estos a su vez son sólo agrupaciones de unidades de fuerza llamadas electrones o "iones", en constante movimiento vibratorio circular. Pateamos una piedra y sentimos el impacto; parece real, aunque sepamos que no es más que lo dicho. Pero recordemos que nuestro pie, que siente el impacto a través de nuestro cerebro, es igualmente Materia constituida por electrones, al igual que nuestro cerebro. Y, en el mejor de los casos, si no fuera por nuestra Mente, no conoceríamos en absoluto el pie o la piedra.

Por otra parte, el ideal del artista o escultor que se esfuerza por reproducir en piedra o lienzo le parece muy real. Lo mismo ocurre con los personajes en la mente del autor o dramaturgo que trata de expresar para que otros los reconozcan. Y si esto es verdad en el caso de nuestras mentes finitas, ¿cuál debe ser el grado de Realidad en las Imágenes Mentales creadas en la Mente del Infinito? Este Universo de Mentalidad es muy real para los mortales, es el único que podemos conocer, aunque nos elevemos de plano en plano, cada vez más alto en él. Para conocerlo de otro modo, sino por experiencia real, deberíamos ser El Todo mismo.

Es cierto que cuanto más nos elevamos en la escala, cuanto más nos acercamos a "la mente del Padre", más evidente se hace la naturaleza ilusoria de las cosas finitas, pero la visión no desaparece hasta que El Todo nos retira finalmente en sí mismo.

Por lo tanto, no es necesario detenerse en el rasgo de la ilusión. Más bien, reconociendo la naturaleza real del Universo, hay que esforzarse por comprender sus leyes mentales y utilizarlas con el mejor efecto en nuestro progreso ascendente a través de la vida, a medida que viajamos de plano en plano del ser. Las Leyes del Universo no dejan de ser "Leyes de Hierro" debido a su naturaleza mental. Todos, excepto El Todo, están sujetos a ellas. Lo que está en la Mente Infinita de El Todo es Real en un grado sólo superado por esa Realidad misma investida en la naturaleza de El Todo.

No hay motivo para sentirse inseguro o temeroso, pues todos estamos firmemente sostenidos en la Mente Infinita de El Todo y no hay nada que nos pueda herir o amedrentar. No existe Poder fuera de El Todo que nos afecte. Podemos descansar tranquilos y seguros, mecidos en la Cuna de las Profundidades, en el seno del Océano de la Mente Infinita que es El Todo. En El Todo, en efecto, vivimos, nos movemos y tenemos nuestro ser.

La Materia no es menos Materia para nosotros mientras moramos en su plano, aunque sepamos que no es más que un agregado de "electrones" o partículas de Fuerza vibrando rápidamente y girando unas alrededor de otras formando átomos, moléculas y masas mayores. Tampoco se vuelve menos Materia al aprender de Hermes que la "Fuerza" de la cual los electrones son meras unidades es simplemente una manifestación de la Mente de El Todo, y como todo lo demás en el Universo es puramente Mental en su naturaleza. Mientras estemos en el Plano de la materia, debemos reconocer sus fenómenos. Podemos controlarla aplicando fuerzas superiores, pero sería una locura intentar negar su existencia en el aspecto relativo, al menos mientras permanezcamos en su plano.

Las Leyes de la Naturaleza no se vuelven menos constantes o eficaces cuando sabemos que son creaciones meramente mentales. Tienen pleno efecto en los diversos planos. Superamos las leyes inferiores aplicando otras aún más elevadas, y sólo de este modo. Pero no podemos escapar a la Ley ni elevarnos por encima de ella por completo. Sólo El Todo puede escapar a la Ley, porque El Todo es la LEY misma de la que surgen todas las Leyes.

Los Maestros más avanzados pueden adquirir poderes normalmente atribuidos a los dioses. Y hay innumerables rangos de seres en la gran jerarquía de la vida cuyo ser y poder trasciende incluso al de los Maestros más elevados entre los hombres hasta un grado impensable para los mortales. Pero incluso el Maestro más elevado y el Ser más elevado deben inclinarse ante la Ley y ser como Nada a los ojos de El Todo.

Entonces, si incluso estos Seres cuyos poderes exceden a los atribuidos por los hombres a sus dioses están obligados por la Ley y subordinados a ella, imagina la presunción del hombre mortal que se atreve a considerar las Leyes de la Naturaleza como "irreales", visionarias e ilusorias, sólo porque es capaz de captar la verdad de que las Leyes son de naturaleza Mental, Creaciones Mentales de El Todo. Esas Leyes que El Todo pretende que sean gobernantes no deben ser desafiadas o discutidas. El Universo existe en virtud de estas Leyes que forman su armazón y lo mantienen unido.

El Principio Hermético del Mentalismo, aunque explica la verdadera naturaleza del Universo sobre el principio de que todo es Mental, no cambia las concepciones científicas del Universo, la Vida o la Evolución. De hecho, la ciencia se limita a corroborar las Enseñanzas Herméticas. Hermes simplemente enseña que la naturaleza del Universo es "Mental", mientras que la ciencia moderna ha enseñado que es "Material" o (últimamente) que es "Energía" en último análisis.

Los herméticos reconocen en la filosofía de Herbert Spencer la más elevada declaración externa del funcionamiento de las Leyes Naturales jamás promulgada. Creen que Spencer fue una reencarnación de un antiguo filósofo que habitó en el Egipto hace miles de años y que más tarde encarnó como Heráclito, el filósofo griego del siglo V a.C. Consideran su declaración de la "Energía Infinita y Eterna" como directamente en la línea de las Enseñanzas Herméticas, siempre con la adición de la doctrina hermética de que esa "Energía" es la Energía de la Mente de El Todo.

Con la Llave Maestra de la Filosofía Hermética, el estudiante de Spencer podrá abrir muchas puertas de las concepciones filosóficas internas del gran filósofo inglés, cuya obra muestra los resultados de la preparación de sus encarnaciones anteriores. Sus enseñanzas sobre la Evolución y el Ritmo concuerdan casi perfectamente con los Principios Herméticos del Ritmo.

Por lo tanto, el estudiante de Hermética no necesita dejar de lado ninguno de sus apreciados puntos de vista científicos con respecto al Universo. Todo lo que se le pide es que capte el principio subyacente de que "El Todo es Mente; el Universo es Mental, sostenido en la mente de El Todo". Se dará cuenta de que los otros seis de los Siete

Principios encajarán en sus conocimientos científicos y le servirán para arrojar luz en rincones oscuros.

Esto no es de extrañar, considerando la influencia del pensamiento hermético de los primeros filósofos de Grecia, sobre cuyos fundamentos descansan en gran parte las teorías de la ciencia moderna. La aceptación del Primer Principio Hermético (Mentalismo) es el único gran punto de diferencia entre la Ciencia Moderna y los estudiantes Herméticos. Y la Ciencia se está acercando gradualmente a la posición Hermética en su tanteo en la oscuridad por una salida del Laberinto en el que ha vagado en su búsqueda de la Realidad.

El propósito de esta lección de Hermes es inculcar en las mentes de los estudiantes el hecho de que, a todos los efectos, el Universo y sus leyes y fenómenos son tan REALES, en lo que concierne al Hombre, como lo serían bajo las hipótesis del Materialismo o del Energismo. Bajo cualquier hipótesis, el Universo, en su aspecto exterior, es cambiante, siempre fluyente y transitorio, y por lo tanto carente de sustancialidad y realidad. Pero (nótese el otro polo de la verdad) bajo las mismas hipótesis, estamos obligados a ACTUAR Y VIVIR como si las cosas fugaces fueran reales y sustanciales.

Con esta diferencia, siempre, entre las diversas hipótesis: que bajo los antiguos puntos de vista el Poder Mental fue ignorado como una Fuerza Natural, mientras que bajo el Mentalismo se convierte en la Mayor Fuerza Natural. Y esta única diferencia revoluciona la Vida para aquellos que comprenden el Principio y sus leyes resultantes y la práctica.

Así que, por último, todos los estudiantes deben captar la ventaja del Mentalismo y aprender a conocer, utilizar y aplicar las leyes resultantes del mismo. Pero no deben ceder a la tentación que, como afirma Hermes, vence a los medio sabios y les hace quedar hipnotizados por la aparente irrealidad de las cosas, siendo la consecuencia que deambulan como soñadores que habitan en un mundo de sueños, ignorando el trabajo práctico y la vida del hombre, siendo el fin que se estrellan contra las rocas y son despedazados por los elementos a causa de su locura.

Deben seguir más bien el ejemplo de los sabios, que según Hermes usan la Ley contra las Leyes, lo superior contra lo inferior, y por el Arte de la Alquimia transmutan lo indeseable en lo digno y así triunfan. Siguiendo esta autoridad, hay que evitar la media sabiduría (que es necedad) que ignora la verdad de que la maestría no consiste en sueños anormales, visiones y fantásticas imaginaciones o vivencias, sino en utilizar las fuerzas superiores contra las inferiores, escapando a los dolores de los planos inferiores vibrando en los superiores. Recordad siempre que la transmutación,

La Inmanencia y Trascendencia de "EL TODO"

"Si bien Todo está en EL TODO, es igualmente cierto que EL TODO está en TODO. Quien verdaderamente comprende esta verdad, ha alcanzado un gran conocimiento." Así habló Hermes Trismegisto, a sus discípulos en la antigua sabiduría.

¡Cuántas veces la mayoría ha escuchado repetir que su Deidad, llamada por muchos nombres, era "Todo en Todo"! Y cuán poco han sospechado la verdad oculta que se esconde tras esas palabras pronunciadas descuidadamente. La expresión comúnmente utilizada es un eco de la antigua máxima hermética citada por el maestro. Como él dijo: "Quien verdaderamente comprende esta verdad, ha alcanzado un gran conocimiento." Siendo esto así, busquemos esa verdad, cuya comprensión significa tanto. En este enunciado se oculta una de las más grandes verdades filosóficas, científicas y religiosas.

Los discípulos de Hermes han recibido la enseñanza sobre la naturaleza mental del universo, la verdad de que "el universo es mental, sostenido en la mente de EL TODO". Como dijo el maestro en el pasaje citado anteriormente: "Todo está en EL TODO". Pero nótese también la afirmación correlacionada: "Es igualmente cierto que EL TODO está en TODO". Esta declaración aparentemente contradictoria se concilia en virtud de la ley de la paradoja. Es, además, una declaración hermética exacta de las relaciones existentes entre EL TODO y su universo mental.

Hemos visto cómo "Todo está en EL TODO"; examinemos ahora el otro aspecto del tema.

Las enseñanzas transmitidas por Hermes Trismegisto afirman que EL TODO es inmanente en su universo, y en cada parte, partícula, unidad o combinación dentro de él. Los maestros suelen ilustrar esta afirmación haciendo referencia al principio de correspondencia. Se instruye al estudiante para que se forme una imagen mental de algo, una persona, una idea, algo que tenga una forma mental. El ejemplo favorito es el del autor o dramaturgo que se forma una idea de sus personajes; o el de un pintor o escultor que se forma una imagen de un ideal que desea expresar con su arte. En cada caso, el estudiante encontrará que mientras la imagen tiene su existencia y ser únicamente dentro de su propia mente, sin embargo, él, el estudiante, autor, dramaturgo, pintor o escultor, es, en cierto sentido, inmanente en la imagen mental también. En otras palabras, toda la virtud, la vida, el espíritu de la realidad en la imagen mental se deriva de la "mente inmanente" del pensador. Considera esto por un momento, hasta que la idea sea captada.

Para tomar un ejemplo moderno, digamos que Otelo, Yago, Hamlet, Lear, Ricardo III, existían meramente en la mente de Shakespeare, en el momento de su concepción o creación. Y, sin embargo, Shakespeare también existía dentro de cada uno de esos personajes, dándoles su vitalidad, su espíritu y su acción. ¿De quién es el "espíritu" de los personajes que conocemos como Micawber, Oliver Twist, Uriah Heep: de Dickens, o tienen cada uno de estos personajes un espíritu personal, independiente de su creador? ¿Tienen la Venus de Médici, la Madonna Sixtina, el Apolo Belvedere, espíritu y realidad propios, o representan el poder espiritual y mental de sus creadores? La ley de la paradoja, enseñada por Hermes, explica que ambas proposiciones son verdaderas, vistas desde los puntos de vista adecuados. Micawber es a la vez Micawber y Dickens. Y, de nuevo, aunque se pueda decir que Micawber es Dickens, Dickens no es idéntico a Micawber. El hombre, como Micawber, puede exclamar: "El espíritu de mi creador es inherente a mí, ¡y sin embargo no soy él!" Cuán diferente es esto de la escandalosa verdad a medias tan vociferada por ciertos sabios a medias, que llenan el aire con sus estridentes gritos de: "¡Yo soy Dios!" Imagina al pobre Micawber, o al astuto Uriah Heep, gritando: "¡Yo soy Dickens!" O a alguno de los rastreros villanos de una obra de Shakespeare, anunciando elocuentemente: "¡Yo soy Shakespeare!" EL TODO está en la lombriz de tierra, y sin embargo la lombriz de tierra está lejos de ser EL TODO. Y, sin embargo, la maravilla persiste: aunque la lombriz de tierra existe meramente como una humilde criatura, teniendo su ser únicamente dentro de la mente de EL TODO, EL TODO es inmanente a la lombriz y a las partículas que la forman. ¿Puede haber mayor misterio que éste de "Todo en EL TODO; y EL TODO en Todo"?

El estudiante se dará cuenta, por supuesto, de que las ilustraciones dadas más arriba son necesariamente imperfectas e inadecuadas, pues representan la creación de imágenes mentales en mentes finitas, mientras que el universo es una creación de la mente infinita, y la diferencia entre los dos polos las separa. Y, sin embargo, es meramente una cuestión de grado; el mismo principio está en operación; el principio de correspondencia se manifiesta en cada uno. "Como es arriba, es abajo; como es abajo, es arriba."

Y, en la medida en que el hombre se dé cuenta de la existencia del espíritu residente inmanente en su ser, así se elevará en la escala espiritual de la vida. Esto es lo que significa el desarrollo espiritual: el reconocimiento, la realización y la manifestación del espíritu dentro de nosotros. Trata de recordar esta última definición, la del desarrollo espiritual. Contiene la verdad de la verdadera religión.

Hay muchos planos del ser, muchos subplanos de la vida, muchos grados de existencia en el universo. Y todos dependen del avance de los seres en la escala, de la cual el punto más bajo es la materia más grosera, el más alto está separado sólo por la división más delgada del ESPÍRITU de EL TODO. Y, hacia arriba y hacia adelante a lo largo de esta escala de la vida, todo se mueve. Todos están en el camino, cuyo fin es EL TODO. Todo progreso es un regreso al hogar. Todo es hacia arriba y hacia adelante, a pesar de todas las apariencias aparentemente contradictorias. Tal es el mensaje de los iluminados.

Las enseñanzas herméticas concernientes al proceso de la creación mental del universo, transmitidas por Hermes Trismegisto, son que al comienzo del ciclo creativo, EL TODO, en su aspecto de ser, proyecta su voluntad hacia su aspecto de "devenir" y el proceso de creación comienza. Se enseña que el proceso consiste en la disminución de la vibración hasta que se alcanza un grado muy bajo de energía vibratoria, en cuyo punto se manifiesta la forma más grosera posible de materia. Este proceso se denomina etapa de involución, en la que EL TODO se "envuelve" en su creación. Los hermetistas creen que este proceso tiene una correspondencia con el proceso mental de un artista, escritor o inventor, que llega a estar tan envuelto en su creación mental que casi olvida su propia existencia y que, por el momento, casi "vive en su creación". Si en lugar de "envuelto" usamos la palabra "embelesado", tal vez daremos una mejor idea de lo que se quiere decir.

Este estadio involutivo de la creación se llama a veces "derramamiento" de la energía divina, así como el estado evolutivo se llama "retracción". El polo extremo del proceso creativo se considera como el más alejado de EL TODO, mientras que el comienzo de la etapa evolutiva se considera como el comienzo de la oscilación de retorno del péndulo del ritmo, una idea de "regreso a casa" que se sostiene en todas las enseñanzas herméticas.

La enseñanza es que durante el "derramamiento", las vibraciones se vuelven cada vez más bajas hasta que finalmente cesa el impulso y comienza la oscilación de retorno. Pero existe la diferencia de que, mientras que en la "efusión" las fuerzas creadoras se manifiestan compactas y como un todo, desde el comienzo de la etapa evolutiva o de "retracción" se manifiesta la ley de individualización, es decir, la tendencia a separarse en unidades de fuerza, de modo que, finalmente, lo que partió de EL TODO como energía no individualizada, retorna a su fuente como innumerables unidades de vida altamente desarrolladas, habiéndose elevado cada vez más en la escala por medio de la evolución física, mental y espiritual.

Los antiguos hermetistas utilizaban la palabra "meditación" para describir el proceso de la creación mental del universo en la mente de EL TODO, empleándose también con frecuencia la palabra "contemplación". Pero la idea que se pretende transmitir parece ser la del empleo de la atención divina. "Atención" es una palabra derivada de la raíz latina que significa "alcanzar, extender", y así el acto de atención es realmente un "alcanzar, extender" mental de la energía mental, de modo que la idea subyacente se comprende fácilmente cuando examinamos el significado real de "atención".

Las enseñanzas de Hermes Trismegisto relativas al proceso de la evolución son las siguientes: EL TODO, habiendo meditado sobre el principio de la creación, habiendo establecido así los fundamentos materiales del universo, habiendo pensado en su existencia, despierta o se despierta gradualmente de su meditación y, al hacerlo, comienza a manifestarse el proceso de la evolución en los planos material, mental y espiritual, sucesivamente y en orden. Así comienza el movimiento ascendente, y todo comienza a moverse hacia el espíritu. La materia se hace menos grosera; las unidades surgen; las combinaciones comienzan a formarse; la vida aparece y se manifiesta en formas cada vez más elevadas; y la mente se hace cada vez más evidente - las vibraciones se elevan constantemente. En resumen, todo el proceso de la evolución, en todas sus fases, comienza, y procede de acuerdo con las "leyes del proceso de atracción" establecidas. Todo esto ocupa eones y eones del tiempo del hombre, cada eón contiene incontables millones de años, pero sin embargo los iluminados nos informan que la creación entera, incluyendo la involución y la evolución, de un universo, no es más que "como un abrir y cerrar de ojos" para EL TODO. Al final de incontables ciclos de eones de tiempo, EL TODO retira su atención -su contemplación y meditación- del universo, pues la gran obra está terminada -y EL TODO se retira al TODO del que surgió. Pero misterio de misterios: el espíritu de cada alma no se aniquila, sino que se expande infinitamente; el creado y el creador se funden. ¡Tal es el informe de los iluminados!

La ilustración anterior de la "meditación" y posterior "despertar de la meditación" de EL TODO, transmitida por Hermes, no es, por supuesto, más que un intento de los maestros de describir el proceso infinito mediante un ejemplo finito. Y, sin embargo: "Como es abajo, es arriba". La diferencia es meramente de grado. Y así como EL TODO se despierta de la meditación sobre el universo, así el hombre (con el tiempo) deja de manifestarse en el plano material, y se retira cada vez más en el espíritu morador, que es en verdad "el ego divino".

Hay un asunto más del que deseamos hablar en esta lección, y que se acerca mucho a una incursión en el campo de la especulación metafísica, aunque nuestro propósito es meramente mostrar la futilidad de tal especulación. Aludimos a la pregunta que inevitablemente viene a la mente de todos los pensadores que se han aventurado a buscar la verdad. La pregunta es: "¿Por qué EL TODO crea universos?" La pregunta puede formularse de diferentes formas, pero la anterior es la esencia de la indagación.

Los hombres se han esforzado mucho por responder a esta pregunta, pero todavía no hay una respuesta digna de ese nombre. Algunos han imaginado que EL TODO tenía algo que ganar con ello, pero esto es absurdo, pues ¿qué podría ganar EL TODO que no poseyera ya? Otros han buscado la respuesta en la idea de que EL TODO "deseaba algo para amar", y otros que creaba por placer, o diversión; o porque "se sentía solo", o para manifestar su poder; todas explicaciones e ideas pueriles, pertenecientes al período infantil del pensamiento.

Otros han tratado de explicar el misterio suponiendo que EL TODO se encontró "obligado" a crear, en razón de su propia "naturaleza interna", de su "instinto creador". Esta idea se adelanta a las demás, pero su punto débil reside en la idea de que EL TODO se vea "obligado" por algo, interno o externo. Si su "naturaleza interna" o "instinto creador" le obligara a hacer algo, entonces la "naturaleza interna" o "instinto creador" sería el absoluto, en vez de EL TODO, y por consiguiente esa parte de la proposición se cae. Y, sin embargo, EL TODO crea y manifiesta, y parece encontrar algún tipo de satisfacción al hacerlo. Y es difícil escapar a la conclusión de que en algún grado infinito debe tener lo que correspondería a una "naturaleza interior" o "instinto creador" en el hombre, con el correspondiente deseo y voluntad infinitos. No podría actuar a menos que quisiera actuar; y no querría actuar a menos que deseara actuar, y no desearía actuar a menos que obtuviera alguna satisfacción. Y todas estas cosas pertenecerían a una "naturaleza interior", y podrían postularse como existentes según la ley de correspondencia. Pero, aun así, preferimos pensar que EL TODO actúa enteramente libre de toda influencia, tanto interna como externa. Ése es el problema que está en la raíz de la dificultad, y la dificultad que está en la raíz del problema.

Estrictamente hablando, no puede decirse que haya alguna "razón" para que EL TODO actúe, pues una "razón" implica una "causa", y EL TODO está por encima de la causa y el efecto, excepto cuando quiere convertirse en causa, en cuyo momento el principio se pone en movimiento. Así que, como ves, la materia es impensable, igual que EL TODO es incognoscible. Así como decimos que EL TODO simplemente "es", nos vemos obligados a decir que "EL TODO ACTÚA PORQUE ACTÚA". Por fin, EL TODO es toda razón en sí mismo; toda ley en sí mismo; toda acción en sí mismo--y puede decirse, con verdad, que EL TODO es su propia razón; su propia ley; su propio acto- -o aún más, que EL TODO; su razón; su acto; su ley; son UNO, siendo todos nombres para la misma cosa. En opinión de los que os están dando estas lecciones, la respuesta está encerrada en el SER INTERNO de EL TODO, junto con su secreto de ser. La Ley de Correspondencia, en nuestra opinión, sólo alcanza ese aspecto de EL TODO, del que puede hablarse como "el aspecto de SER". Detrás de ese aspecto está "el aspecto de SER" en el cual todas las leyes se pierden en LEY; todos los principios se funden en PRINCIPIO--y EL TODO; el PRINCIPIO; y el SER; son idénticos, uno y lo mismo. Por lo tanto, la especulación metafísica sobre este punto es inútil. Entramos aquí en el asunto, simplemente para mostrar que reconocemos la cuestión, y también lo absurdo de las respuestas ordinarias de la metafísica y la teología.

En conclusión, puede ser de interés saber que mientras algunos de los antiguos y modernos maestros herméticos se han inclinado más bien en la dirección de aplicar el principio de correspondencia a la pregunta, con el resultado de la conclusión de la "naturaleza interna", todavía las leyendas dicen que Hermes, el grande, cuando se le hizo esta pregunta por sus estudiantes avanzados, les respondió apretando sus labios fuertemente juntos y no diciendo una palabra, lo que indica que no había respuesta. Pero, entonces, puede haber tenido la intención de aplicar el axioma de su filosofía, que: "Los labios de la sabiduría están cerrados, excepto para los oídos del entendimiento", creyendo que incluso sus estudiantes avanzados no poseían el entendimiento que les daba derecho a la enseñanza. En cualquier caso, si Hermes poseía el secreto, falló en impartirlo, y en lo que concierne al mundo, los labios de Hermes están cerrados con respecto a él. Y donde el gran Hermes dudó en hablar, ¿qué mortal puede atreverse a enseñar?

Pero, recuerda, que cualquiera que sea la respuesta a este problema, si es que hay una respuesta, la verdad sigue siendo que: "Si bien todo está en EL TODO, es igualmente cierto que EL TODO está en todo". La enseñanza sobre este punto es enfática. Y, podemos añadir las palabras finales de la cita: "Quien verdaderamente comprende esta verdad, ha alcanzado un gran conocimiento".

La Armonía de los Planos

"Como es arriba, es abajo; como es abajo, es arriba". Este axioma encierra el Segundo Gran Principio Hermético, que revela la existencia de una armonía, concordancia y correspondencia entre los diversos planos de Manifestación, Vida y Ser.

Hermes nos enseña que todo lo que está incluido en el Universo emana de la misma fuente, y por ende, las mismas leyes, principios y características se aplican a cada unidad o combinación de unidades de actividad, a medida que cada una manifiesta sus propios fenómenos en su propio plano.

Para facilitar la comprensión de este conocimiento, Hermes Trismegisto nos ha instruido en la división del Universo en tres grandes clases de fenómenos, conocidos como los Tres Grandes Planos: el Gran Plano Físico, el Gran Plano Mental y el Gran Plano Espiritual. Sin embargo, el gran maestro enfatiza que estas divisiones son más o menos artificiales y arbitrarias, ya que en realidad, los tres planos no son más que grados ascendentes en la gran escala de la Vida, cuyo punto más bajo es la Materia indiferenciada y el más alto, el Espíritu.

Hermes nos advierte que los diferentes Planos se confunden entre sí, de modo que no puede establecerse una división rígida entre los fenómenos superiores del Plano Físico y los inferiores del Mental, o entre los superiores del Mental y los inferiores del Espiritual. En resumen, los Tres Grandes Planos pueden considerarse como tres grandes grupos de grados de Manifestación de la Vida.

El Gran Plano Físico, según las enseñanzas de Hermes Trismegisto, comprende todo lo relacionado con la física, las cosas, fuerzas y manifestaciones materiales. Abarca todas las formas de lo que llamamos Materia y todas las formas de lo que denominamos Energía o Fuerza. Sin embargo, el maestro nos recuerda que la Materia no es una cosa en sí misma, ni tiene una existencia separada, sino que es meramente una forma de Energía caracterizada por un bajo índice de vibraciones.

Hermes nos instruye acerca de los Siete Planos Físicos Menores: el Plano de la Materia (A), que comprende las formas de la Materia en estado sólido, líquido y gaseoso; el Plano de la Materia (B), que abarca formas superiores y más sutiles de la Materia; el Plano de la Materia (C), que incluye formas aún más tenues; el Plano de la Sustancia Etérea, que comprende lo que la ciencia denomina "El Éter"; y los Planos de la Energía (A), (B) y (C), que abarcan las diversas formas de Energía conocidas y desconocidas por la ciencia moderna.

El Gran Plano Mental, según nos enseña Hermes, comprende aquellas formas de "seres vivos" que conocemos en la vida ordinaria, así como ciertas otras formas no tan conocidas, excepto para el ocultista. Está compuesto por siete Planos Mentales Menores: el Plano de la Mente Mineral, el Plano de la Mente Elemental (A), el Plano de la Mente Vegetal, el Plano de la Mente Elemental (B), el Plano de la Mente Animal, el Plano de la Mente Elemental (C) y el Plano de la Mente Humana.

Hermes Trismegisto nos revela que el Plano de la Mente Humana, en sus siete subdivisiones, comprende aquellas manifestaciones de vida y mentalidad que son comunes al Hombre, en sus diversos grados y divisiones. El gran maestro señala que el ser humano promedio de hoy apenas ocupa la cuarta subdivisión de este plano, y que sólo los más iluminados han cruzado las fronteras de la Quinta Subdivisión. Nos recuerda que nuestra raza ha tardado millones de años en alcanzar esta etapa, y que tardará muchos más en trascender a las subdivisiones superiores y más allá.

En cuanto al Gran Plano Espiritual, Hermes nos advierte sobre la dificultad de explicar estos estados superiores del Ser, la Vida y la Mente a aquellos que aún no son capaces de comprender las subdivisiones superiores del Plano de la Mente Humana. Nos dice que los Siete Planos Menores del Gran Plano Espiritual comprenden Seres con una Vida, Mente y Forma tan superiores a las del Hombre actual, como éste lo es respecto a los minerales.

El maestro nos habla de la existencia de Ángeles, Arcángeles, Semidioses, Grandes Almas conocidas como Maestros y Adeptos, y Huestes Angélicas en los diferentes Planos Menores del Gran Plano Espiritual. Incluso menciona a aquellos seres que podríamos llamar "Dioses", dada su elevada posición en la escala del Ser. Sin embargo, Hermes Trismegisto enfatiza que incluso los más elevados de estos Seres existen meramente como creaciones de la Mente del TODO, y están sujetos a los Procesos Cósmicos y a las Leyes Universales.

El Principio Dinámico de la Vibración

"Nada descansa, todo se mueve, todo vibra". Así proclamó Hermes Trismegisto, resumiendo en estas palabras uno de los principios fundamentales de su antigua sabiduría.

Este axioma, conocido como el Principio de Vibración, encierra una verdad que ha sido reconocida por los pensadores a lo largo de los siglos, aunque en ocasiones se haya perdido de vista: el Movimiento se manifiesta en todo el Universo, nada está en reposo absoluto, todo se mueve, vibra y gira en un incesante dinamismo.

Hermes enseñó a sus discípulos que no sólo todo está en constante movimiento y vibración, sino que las diferencias entre las diversas manifestaciones del poder universal se deben enteramente a las variaciones en el ritmo y modo de estas vibraciones. Incluso aquello que llamamos "EL TODO", la fuente primordial de la existencia, manifiesta una vibración constante de un grado tan infinito de intensidad y rapidez que prácticamente puede considerarse en reposo. Así, hasta en el aparente estatismo se oculta un movimiento subyacente.

Los iniciados en los misterios herméticos aprendieron que el Espíritu se encuentra en un extremo del Polo de Vibración, siendo el otro Polo ciertas formas extremadamente groseras de la Materia. Entre estos dos polos existe un vasto espectro de millones y millones de diferentes velocidades y modos de vibración.

La ciencia moderna ha comenzado a confirmar lo que Hermes reveló hace milenios. Ha demostrado que todo lo que llamamos Materia y Energía no son más que "modos de movimiento vibratorio", y algunos de los científicos más visionarios se acercan a la comprensión de que incluso los fenómenos de la Mente son igualmente manifestaciones vibratorias.

Hermes enseñó que toda materia manifiesta, en cierto grado, las vibraciones derivadas de la temperatura o del calor. No importa si un objeto es percibido como frío o caliente, ambos son sólo grados diferentes de una misma escala, y en ese sentido siempre está vibrando. Todas las partículas de la Materia, desde lo infinitesimal hasta la inmensidad de los soles, se encuentran en movimiento circular constante.

Los componentes fundamentales de la Materia, ya sean moléculas, átomos o corpúsculos, están inmersos en un estado de constante movimiento y vibración, interactuando unos con otros en una danza incesante. Así, todas las formas de materia manifiestan la vibración, tal como proclamó Hermes.

Lo mismo puede decirse de las diversas formas de Energía. La Luz, el Calor, el Magnetismo y la Electricidad, según las revelaciones herméticas, no son más que formas de movimiento vibratorio que probablemente emanan de la misteriosa Sustancia Etérea que impregna el espacio universal.

Incluso aquellas fuerzas que la ciencia aún no comprende plenamente, como la Cohesión que une las moléculas, la Afinidad Química que atrae los átomos, o la Gravitación que entrelaza toda partícula de Materia, son consideradas por los herméticos como manifestaciones de alguna forma de energía vibratoria.

Hermes llamó "La Sustancia Etérea" a aquello que la ciencia postula como el Éter Universal. Enseñó que esta Sustancia Etérea es de extrema tenuidad y elasticidad, sirviendo de medio para la transmisión de las ondas de energía vibratoria. Es el puente que conecta las formas vibratorias que percibimos como "Materia" y aquellas que llamamos "Energía o Fuerza", manifestando también su propio grado, ritmo y modo de vibración.

Para ilustrar los efectos de las tasas crecientes de vibración, Hermes solía utilizar la analogía de una rueda, un trompo o un cilindro giratorio que incrementa progresivamente su velocidad.

Imaginemos este objeto en movimiento, al que llamaremos simplemente "el objeto". Al principio, girando lentamente, puede verse con claridad, pero ningún sonido llega a nuestros oídos. Conforme su velocidad aumenta, comienza a escucharse un zumbido grave que asciende en la escala musical a medida que el movimiento se intensifica. Nota tras nota van apareciendo hasta alcanzar el chillido más agudo que el oído humano puede percibir, tras lo cual se hace el silencio, aunque el objeto continúe girando a velocidades inimaginables.

Pero la progresión no se detiene ahí. Hermes reveló que al seguir aumentando la velocidad, el objeto manifiesta grados crecientes de calor y comienza a irradiar un tenue color rojizo que se vuelve más y más brillante. Luego pasa por toda la gama del espectro visible: naranja, amarillo, verde, azul, índigo y violeta, hasta que finalmente los colores desaparecen de nuestra limitada percepción visual.

Sin embargo, el objeto en su frenético girar continúa emitiendo radiaciones invisibles para nosotros: aquellas que captan ciertas placas fotográficas, los sutiles rayos ultravioleta, o los enigmáticos "Rayos X". La Electricidad y el Magnetismo emergen al alcanzarse las velocidades apropiadas.

En cierto grado de vibración, enseñó Hermes, las moléculas del objeto se desintegran, descomponiéndose en los átomos que las forman. Éstos a su vez, siguiendo el Principio de Vibración, se dividen en los innumerables corpúsculos que los constituyen. Y finalmente, incluso estos corpúsculos se desvanecen, y puede decirse que el objeto está compuesto de la Sustancia Etérea primordial.

Pero las enseñanzas herméticas van aún más allá. Hermes reveló a sus iniciados que si las vibraciones continuasen aumentando, el objeto se manifestaría en los sucesivos estados de la existencia, desde la Materia a la Mente, y de la Mente al Espíritu, hasta finalmente reintegrarse en la Fuente Absoluta de la que emanó.

Ahora bien, Hermes aclaró que en las etapas en que el objeto emite vibraciones de luz, calor, electromagnetismo, etc., no se transmuta realmente en esas formas de energía, sino que libera esas modalidades vibratorias que estaban confinadas en la estructura atómica o molecular. Pues la energía, aunque en esencia más sutil que la materia burda, puede quedar enredada y atrapada en las formas materiales a través de las cuales se manifiesta. Tal es el caso de todas las creaciones, en las que la fuerza creadora permanece envuelta en su propia obra.

Pero el Principio de Vibración, según lo enseñó Hermes, no se limita al mundo físico. Todo pensamiento, emoción, estado mental o acto volitivo va acompañado de su propia vibración característica, una parte de la cual se desprende y tiende a influir las mentes receptivas, fenómeno que hoy se conoce como "telepatía" o transmisión del pensamiento.

Cada estado interior tiene su correspondiente tasa y modo de vibración, y puede ser reproducido, tal como una nota musical o un color, si se logra hacer vibrar el instrumento mental en la clave adecuada. De esto se desprende que, mediante la comprensión y aplicación del Principio de Vibración a los fenómenos mentales, es posible alcanzar un dominio de los propios estados internos, e incluso influir deliberadamente en la mente de otros. Tal es el poder que confiere la Ciencia de la Transmutación Mental, una de las ramas del Arte Hermético.

Así, los Maestros y Adeptos versados en esta ciencia son capaces de obrar aquello que a los ojos mundanos parecen milagros o violaciones de las Leyes Naturales, cuando en realidad están aplicando leyes más sutiles y principios más profundos, modificando las vibraciones de la materia y la energía a voluntad.

Por eso Hermes Trismegisto declaró con gran sabiduría: "Quien comprenda el Principio de Vibración, ha agarrado el cetro del Poder".

En estas palabras se encierra una clave maestra para aquellos que buscan desentrañar los misterios del Universo y de su propio Ser. Pues en la vibración está la raíz de toda manifestación, el secreto de toda transformación, y quien aprenda a dirigirla conscientemente habrá dado un paso fundamental en el sendero del verdadero dominio y la realización espiritual, siempre bajo la guía de los principios éticos y el discernimiento que Hermes impartió a sus discípulos.

El Principio de la Polaridad

Todo lo manifestado posee una naturaleza dual. Cada cosa tiene dos caras, dos aspectos, dos polos; lo semejante y lo diferente son, en esencia, lo mismo. Los opuestos son idénticos en naturaleza, difiriendo únicamente en grado. Los extremos se tocan y todas las verdades son medias verdades. Toda paradoja puede ser reconciliada al comprender este axioma hermético.

Desde tiempos inmemoriales, la humanidad ha intuido este principio, esforzándose por expresarlo en aforismos tales como: "Todo es y no es, al mismo tiempo", "Toda verdad es media verdad", "Todo tiene dos caras", "No hay reverso sin anverso". Mas es a través de las enseñanzas directas de Hermes que se nos revela la profundidad de esta verdad cósmica.

Así, el maestro nos muestra que la diferencia entre los aparentes opuestos no es más que una cuestión de grado. La tesis y la antítesis, aunque parezcan irreconciliables, son idénticas en naturaleza, variando solo en intensidad. La reconciliación universal de los contrarios se logra al reconocer y abrazar este principio polar.

Contemplad el Espíritu y la Materia, nos dice Hermes, y veréis que no son sino los dos polos de una misma realidad, con innumerables grados vibratorios entre ambos. Observad cómo lo Infinito y lo finito son uno, difiriendo únicamente en el grado de Manifestación Mental. La Ley y las leyes, el Principio y los principios, la Mente Cósmica y las mentes individuales; todos ellos, polos opuestos de una misma verdad.

En el plano físico, el calor y el frío son idénticos en naturaleza, siendo su diferencia una mera cuestión de grados. No existe un punto absoluto donde el calor cese y el frío comience, sino una gradación continua de vibraciones. Lo mismo ocurre con la luz y la oscuridad, el sonido y el silencio, lo grande y lo pequeño. Recorred el mundo hacia el este y llegaréis al oeste; viajad hacia el norte y os encontraréis en el sur. Todo es relativo, todo es cuestión de grado.

Incluso en el reino de la moral, el bien y el mal no son absolutos. Aquello que llamamos "bueno" en un extremo de la escala es "menos bueno" que lo que se encuentra por encima, y "más bueno" que lo que yace por debajo. La posición en la escala determina el juicio de valor.

Y así como en el mundo físico, también en el mental los opuestos son transmutables entre sí, nos enseña Hermes. El amor puede transformarse en odio, el valor en miedo, la actividad en pasividad; mas siempre entre cualidades de una misma clase, nunca entre categorías diferentes. El cambio es de grado, no de naturaleza esencial.

He aquí el gran secreto que permite al adepto transmutar sus estados mentales: elevando o disminuyendo la vibración a voluntad, polarizándose hacia el extremo deseado de la escala. Así, el hombre temeroso puede llenarse del más alto grado de Coraje, y el indolente convertirse en un ser activo y enérgico.

Este mismo principio subyace en los fenómenos de influencia mental, donde los estados anímicos pueden ser inducidos de una mente a otra. Tal como el maestro imprime la vibración deseada en su propio ser, así puede transmitirla al discípulo, elevándolo del miedo al valor, de la melancolía a la alegría.

Contemplad, pues, este Gran Principio de Polaridad, y comprenderéis el misterio de vuestros propios estados mentales y los de vuestros semejantes. Veréis que todo es cuestión de grado, y con este entendimiento podrás erguiros como dueños de vuestra mente, en lugar de ser sus esclavos. Y en vuestra sabiduría, podréis asistir a otros a transmutar sus estados internos, cuando así sea menester.

El Principio del Ritmo

En todas las cosas se manifiesta un movimiento rítmico, un flujo y reflujo, una oscilación pendular entre los polos establecidos por el Principio de Polaridad. Este ritmo se evidencia en los planos físico, mental y espiritual.

Hermes enseñó que el ritmo no necesariamente alcanza los extremos polares, pero siempre oscila hacia un polo y luego hacia el otro. Existe una constante acción y reacción, avance y retroceso, ascenso y descenso, presentes en todos los fenómenos del Universo.

Según la sabiduría transmitida oralmente por el Maestro a sus discípulos a través de las eras, este Principio se manifiesta en la creación y destrucción de mundos, en el auge y caída de naciones, en la vida de todas las cosas y en los estados mentales del ser humano.

Hermes reveló que desde las manifestaciones del Espíritu Divino, siempre hay Emisión y Retracción, como la respiración cósmica. Los universos nacen, alcanzan su punto máximo de materialidad y luego ascienden. Los soles emergen, brillan en su cénit y luego declinan. Así ocurre con todo lo que posee forma y figura, oscilando de la acción a la reacción, del nacimiento a la muerte, para luego renacer.

El Gran Maestro enseñó que la noche sigue al día, y el día a la noche. El péndulo oscila del verano al invierno, y viceversa. Hasta las partículas subatómicas danzan alrededor del círculo de su naturaleza. No existe el reposo absoluto, pues todo movimiento participa del ritmo universal.

Este principio, según las antiguas enseñanzas herméticas, se aplica a cualquier cuestión o fenómeno en todos los planos de la existencia. Está presente en todas las fases de la actividad humana, con una oscilación rítmica perpetua entre los polos. El Péndulo Universal está siempre en movimiento, y las Mareas de la Vida fluyen y refluyen de acuerdo con esta Ley.

Hermes Trismegisto instruyó que la ciencia moderna comprende bien el Principio del Ritmo en las cosas materiales, pero los iniciados en los Misterios llevan este principio mucho más allá. Saben que sus manifestaciones e influencia se extienden a las actividades mentales del ser humano, explicando la desconcertante sucesión de estados anímicos, sentimientos y otros cambios inquietantes que experimentamos.

Sin embargo, el Maestro reveló que quienes estudian profundamente las operaciones de este Principio, aprenden a trascender algunas de sus actividades mediante la Transmutación. Los discípulos avanzados descubrieron que, si bien el Principio del Ritmo es invariable, existen dos planos de manifestación en los fenómenos mentales: el Inferior y el Superior.

Comprendiendo esto, es posible elevarse al plano superior y evitar así la oscilación del péndulo rítmico que opera en el plano inferior. A esto lo llamaron la Ley de Neutralización, que consiste en trascender las vibraciones del Plano Inconsciente de la actividad mental, de modo que la oscilación negativa no afecte la consciencia.

Hermes lo comparó a elevarse por encima de algo y dejarlo pasar por debajo. El discípulo avanzado se polariza en el polo deseado y, mediante un proceso de "negación" de la influencia de la oscilación opuesta, se mantiene firme en su posición, permitiendo que el péndulo mental oscile en el plano inconsciente.

El Maestro enseñó que todos los individuos que han alcanzado cierto grado de dominio propio logran esto en alguna medida, incluso sin ser plenamente conscientes. Al negarse a permitir que los estados mentales y emociones negativas les afecten, aplican intuitivamente la Ley de Neutralización.

Sin embargo, aquel que ha sido instruido en los Misterios, lleva esta habilidad a un grado mucho mayor de maestría. Mediante el uso de su Voluntad, alcanza un equilibrio y firmeza mental asombrosos para quienes aún se dejan llevar por el vaivén de los estados anímicos y las emociones fluctuantes.

Hermes destacó la importancia de este logro, pues la mayoría de las personas son criaturas esclavizadas por sus estados de ánimo, sentimientos y emociones, manifestando muy poco autodominio. Si reflexionamos un momento, nos daremos cuenta de cuánto nos han afectado estos cambios rítmicos a lo largo de nuestras vidas.

A un período de entusiasmo le ha seguido invariablemente un sentimiento opuesto y un estado de depresión. De igual modo, nuestros momentos de valentía han sido sucedidos por estados equivalentes de miedo. Así ha sido para la mayoría, con las mareas emocionales subiendo y bajando, sin sospechar la causa o razón de estos fenómenos mentales.

La comprensión del funcionamiento de este Principio, según las enseñanzas del Gran Maestro, nos brinda la clave para dominar estas oscilaciones rítmicas del sentimiento. Nos permite conocernos mejor y evitar ser arrastrados por estos flujos y reflujos. La Voluntad consciente es superior a la manifestación mecánica de este Principio, aunque el Principio en sí mismo sea indestructible.

Hermes reveló que podemos escapar de sus efectos, pero nunca anular su operación. El péndulo siempre oscilará, aunque logremos evitar ser llevados por su vaivén. Otras características de la operación de este Principio del Ritmo, que el Maestro deseaba enfatizar, involucran la Ley de Compensación.

Una de las definiciones de "compensar" es "contrarrestar", que es precisamente el sentido en que los iniciados en los Misterios Herméticos utilizan el término. A esta Ley de Compensación se refiere el antiguo axioma:

"La medida de la oscilación hacia la derecha, es la medida de la oscilación hacia la izquierda; el ritmo compensa".

Hermes enseñó que la Ley de Compensación implica que el balanceo en una dirección determina el balanceo en la dirección opuesta o hacia el polo contrario. Uno equilibra o contrarresta al otro. En el Plano Físico, encontramos numerosos ejemplos de esta Ley.

El péndulo del reloj oscila una cierta distancia hacia la derecha, y luego una distancia igual hacia la izquierda. Las estaciones se equilibran de la misma manera. Las mareas obedecen a esta misma Ley. Y así se manifiesta en todos los fenómenos del Ritmo.

Un péndulo con una oscilación corta en una dirección, tendrá una oscilación igualmente corta en la dirección opuesta. Mientras que una oscilación amplia hacia la derecha, implicará inevitablemente una oscilación amplia hacia la izquierda. Un objeto lanzado hacia arriba hasta cierta altura, recorrerá una distancia equivalente en su retorno.

La fuerza con la que un proyectil es arrojado hacia arriba, se reproducirá cuando ese proyectil regrese a la tierra en su trayectoria descendente. Esta ley es constante en el plano físico, como demuestran las autoridades en la materia.

Pero el Maestro Hermes y sus discípulos llevan este principio aún más lejos. Enseñan que los estados mentales del ser humano están sujetos a esta misma ley. Quien goza con gran intensidad, está propenso a sufrir con igual agudeza. Mientras que aquel que siente poco dolor, es capaz de sentir poco gozo.

Hermes ilustró esto con el ejemplo del cerdo, que sufre poco mentalmente y también goza poco; está compensado. Por otra parte, hay animales que gozan intensamente, pero cuyo sistema nervioso y temperamento les hacen experimentar exquisitos grados de dolor. Lo mismo sucede con los seres humanos.

Existen temperamentos que sólo permiten niveles bajos de gozo y, a su vez, niveles igualmente bajos de sufrimiento. Mientras que otros temperamentos permiten el goce más intenso, pero también el sufrimiento más profundo. La regla es que la capacidad para el placer y el dolor de cada individuo estén equilibradas. La Ley de Compensación opera aquí plenamente.

Pero las enseñanzas herméticas van aún más allá en este asunto. Afirman que antes de que alguien sea capaz de disfrutar de cierto grado de placer, debe haber oscilado proporcionalmente hacia el polo opuesto del sentimiento. Sin embargo, sostienen que lo Negativo precede a lo Positivo en este aspecto.

Es decir, que al experimentar determinado grado de placer, no necesariamente se sigue que se deba "pagar" por ello con un grado correspondiente de dolor. Por el contrario, el placer es la oscilación rítmica, según la Ley de Compensación, por un grado de dolor previamente experimentado, ya sea en la vida presente o en una encarnación anterior. Esto arroja una nueva luz sobre el Problema del Dolor.

Los iniciados en los Misterios Herméticos consideran la cadena de vidas como continua, formando parte de una sola vida del individuo. Por lo tanto, la oscilación rítmica se comprende de esta manera, careciendo de sentido a menos que se acepte la verdad de la reencarnación.

Pero Hermes afirmó que el Maestro o discípulo avanzado es capaz, en gran medida, de escapar de la oscilación hacia el dolor mediante el proceso de

Neutralización antes mencionado. Al elevarse al plano superior del Ego, se evitan y trascienden muchas de las experiencias que acontecen a quienes habitan en el plano inferior.

La Ley de Compensación juega un papel fundamental en la vida de hombres y mujeres. Se observa que generalmente se "paga el precio" por cualquier cosa que se posee o de la que se carece. Si se tiene algo, se carece de otra cosa; se establece el equilibrio. Nadie puede quedarse con la moneda y al mismo tiempo disfrutar lo que esa moneda compra.

Todo tiene su lado placentero y su lado desagradable. Lo que se gana, siempre se paga con lo que se pierde. Los ricos poseen muchas cosas de las que carecen los pobres, mientras que los pobres a menudo tienen cosas que están fuera del alcance de los ricos.

El millonario puede tener la inclinación a la fiesta y la riqueza para obtener todos los manjares y lujos de la mesa, pero puede carecer del apetito para disfrutarlos. Quizás envidie el apetito y la digestión del trabajador que no posee su riqueza ni sus inclinaciones, pero que obtiene más placer de su comida sencilla de lo que el millonario podría, incluso si su apetito no estuviera hastiado ni su digestión arruinada.

Porque los deseos, hábitos e inclinaciones difieren. Y así es a lo largo de la vida. La Ley de Compensación está siempre en acción, buscando equilibrar y contrapesar, triunfando siempre con el tiempo, aunque a veces se requieran varias vidas para que se manifieste la oscilación de retorno del Péndulo del Ritmo.

El Principio De Causa Y Efecto

"Toda Causa tiene su Efecto; todo Efecto tiene su Causa; todo sucede según la Ley; el Azar no es más que un nombre para la Ley no reconocida; hay muchos planos de causalidad, pero nada escapa a la Ley" -Hermes Trismegisto.

El gran maestro Hermes Trismegisto nos reveló en su sexto principio hermético una verdad fundamental: la Ley impregna el Universo. Nada ocurre por mera casualidad; aquello que llamamos Azar es simplemente una causa aún no percibida ni comprendida. Los fenómenos se suceden de manera continua, sin interrupción ni excepción.

Este principio de Causa y Efecto ha sido la base del pensamiento científico desde tiempos inmemoriales. Aunque diversas escuelas han debatido los detalles de su funcionamiento o el significado preciso de ciertos términos, la idea central siempre ha sido aceptada por los pensadores más preclaros. Considerar lo contrario sería relegar los eventos del universo al capricho de un agente imaginario llamado "Azar", despojándolos del dominio del Orden y la Ley.

Una reflexión cuidadosa demostrará que no puede existir tal cosa como el puro azar. ¿Cómo podría haber algo actuando en el universo fenoménico al margen de sus leyes y su continuidad ordenada? Tal entidad sería completamente independiente y superior al cosmos. No hay lugar para un elemento ajeno a la Ley, pues el TODO es la LEY misma. Si existiera algo así, las Leyes Naturales serían ineficaces y el universo se sumiría en el caos y la anarquía.

Lo que solemos denominar "Azar" es meramente una expresión relacionada con causas ocultas a nuestra percepción o entendimiento. Cada vez que un dado muestra un número al caer, obedece a una ley tan infalible como la que gobierna la revolución de los planetas alrededor del sol. Tras esa caída hay una compleja cadena de causas que se remonta más allá de lo que la mente puede rastrear: la posición inicial del dado, la energía aplicada al lanzarlo, el estado de la superficie sobre la que rueda... Y detrás de esos factores visibles, existen causas precedentes invisibles que también influyeron en el resultado.

Si lanzáramos un dado suficientes veces, veríamos que los distintos números aparecen con aproximadamente la misma frecuencia. Es la ley del promedio, pero tanto esta como cada tirada individual están sujetas a la Ley de Causa y Efecto. Si pudiéramos examinar todas las causas previas, resultaría evidente que era sencillamente imposible que el dado cayera de otro modo en esas precisas circunstancias. Las mismas causas producirán siempre los mismos efectos.

A veces surge confusión al considerar cómo un evento puede causar o "crear" otro. Pero en realidad, ninguna "cosa" origina otra "cosa". La Causa y el Efecto tratan sobre "acontecimientos", sobre "lo que llega o sucede como resultado de un evento precedente". Cada suceso es un eslabón en la gran cadena ordenada de acontecimientos que fluye de la energía creadora del TODO. Existe una continuidad y una relación entre todo lo que antecede y lo que sigue.

El rastro de causas que subyace incluso al evento más trivial es incalculable. Como cada persona tiene dos padres, cuatro abuelos, ocho bisabuelos, y así hasta sumar millones de ancestros en unas cuarenta generaciones, de igual modo el número de causas tras el fenómeno más nimio es inmenso. No es fácil seguir el recorrido de una mota de hollín hasta su origen, quizás como parte de un tronco de árbol que luego se convirtió en carbón, y así sucesivamente hasta su condición presente, que no es más que un eslabón que producirá nuevos acontecimientos futuros. Esa mota de hollín propició el trabajo de cajistas e impresores para crear estas líneas, que a su vez despertarán pensamientos en la mente del lector y afectarán a otros, en una progresión que va más allá de la capacidad del intelecto para visualizar.

Si cierto hombre no hubiera conocido a determinada doncella allá en la Edad de Piedra, quienes leen estas palabras no estarían aquí. Y si ese encuentro no hubiera ocurrido, quien esto escribe tampoco existiría. Cada pensamiento que concebimos y cada acto que realizamos tienen vastas ramificaciones en la gran telaraña de la Causa y el Efecto.

El libre albedrío y el determinismo han sido objeto de prolongados debates, pero las Enseñanzas Herméticas indican que ambas posturas son Verdades parciales, polos opuestos de una Verdad mayor. Un ser humano puede ser libre y a la vez estar ligado a la Necesidad, dependiendo de la perspectiva y la altura desde la que se examine la cuestión. Como expresaban los antiguos maestros, cuanto más lejos de la Fuente, más atado se está; cuanto más cerca, más libre.

La mayoría de las personas son, en gran medida, esclavas de la herencia, el entorno y otros condicionantes, manifestando muy poca auténtica Libertad. Arrastradas por opiniones ajenas, costumbres, emociones y estados de ánimo, no ejercen verdadero Dominio sobre sí mismas. Pueden proclamar enérgicamente: "Soy libre de actuar y hacer lo que me plazca", pero no examinan de dónde surgen ese "querer" y ese "placer". ¿Qué les impulsa a desear una cosa y no otra? Siempre hay un "porqué" detrás.

El Maestro, en cambio, es capaz de "Querer querer", en lugar de ser movido por sentimientos, antojos o influencias externas. La mayoría son como piedras que caen, obedientes a las circunstancias, a sugestiones ajenas, a impulsos internos. Como peones en el tablero de ajedrez de la vida, desempeñan sus roles sin cuestionarlos. Pero los Maestros conocen las reglas del juego y se elevan por encima del plano material. Conectando con los poderes superiores de su naturaleza, dominan sus propios estados mentales y emocionales, así como el entorno. Se convierten en Jugadores activos en vez de piezas pasivas - en Causas más que Efectos. No escapan a la Causalidad de los planos superiores, pero caen bajo el influjo de leyes más elevadas, gobernando así las circunstancias del plano inferior.

La Ley actúa en todos los niveles de existencia. No hay Casualidad. La razón ha derrocado a la ciega fortuna. Con los ojos esclarecidos por el conocimiento, vemos ahora que todo está regido por la Ley Universal, que las innumerables leyes son expresiones de la Gran Ley Una, la LEY que es el TODO. Como afirman las escrituras, ni un gorrión pasa desapercibido para la Mente Suprema, hasta nuestros cabellos están contados. Nada ocurre fuera de la Ley o en su contra.

Pero no caigamos en el error de considerar al ser humano un mero autómata sin voluntad. La Enseñanza Hermética proclama que el Hombre puede emplear la Ley para trascender las leyes, que lo superior siempre prevalecerá sobre lo inferior, hasta alcanzar finalmente el estado en el que se refugia en la LEY misma y contempla con desdén las leyes fenoménicas. Tal es la profunda sabiduría que nos legó Hermes Trismegisto.

El Principio Creativo del Género

Según las enseñanzas del maestro Hermes Trismegisto, el género se manifiesta en todos los planos de la existencia. Los principios masculino y femenino están presentes y activos en cada aspecto de los fenómenos universales. Es importante comprender que el género, en su sentido hermético, trasciende las meras distinciones físicas entre los sexos biológicos. Mientras que el sexo se limita a las manifestaciones en el plano físico de la vida orgánica, el género abarca un significado mucho más amplio y profundo.

Hermes nos advierte sobre aquellos que, habiendo apenas vislumbrado la sabiduría hermética, pretenden reducir este principio a teorías limitadas y censurables relacionadas únicamente con la sexualidad humana. La verdadera comprensión del género implica reconocer su papel fundamental en la creación, generación y producción en todos los niveles del cosmos.

Aunque la ciencia convencional aún no ha reconocido plenamente la universalidad de este principio, Hermes Trismegisto nos revela que existen evidencias de su operación incluso en los componentes más básicos de la materia. Los corpúsculos, iones o electrones, que constituyen los ladrillos fundamentales del universo físico, exhiben una clara manifestación del principio del género en sus interacciones y combinaciones para formar los átomos.

Según la sabiduría transmitida oralmente por Hermes a través de las eras, los átomos surgen de la agrupación de corpúsculos negativos alrededor de uno positivo. Los corpúsculos positivos ejercen una influencia sobre los negativos, llevándolos a adoptar ciertas configuraciones y así "engendrar" la estructura atómica. Esta dinámica refleja la antigua asociación hermética entre lo masculino y lo positivo, y entre lo femenino y lo negativo en el ámbito de la electricidad.

Sin embargo, Hermes nos advierte sobre la confusión que puede surgir de los términos "positivo" y "negativo" tal como son empleados por la ciencia convencional. En realidad, el polo denominado "negativo" es aquel a través del cual se manifiesta la generación de nuevas formas y energías. Lejos de implicar debilidad o irrealidad, este polo femenino es la fuente de los fenómenos más asombrosos y transformadores que han revolucionado nuestra comprensión del universo.

Hermes Trismegisto nos enseña que los corpúsculos femeninos, impulsados por el natural deseo de crear, buscan activamente la unión con los corpúsculos masculinos. Este desprendimiento y posterior combinación constituye el fundamento de las actividades químicas y energéticas en el cosmos. Cuando se produce la fusión de estos principios opuestos pero complementarios, se desencadena el nacimiento de un nuevo átomo, una entidad distinta que exhibe propiedades emergentes.

La función del principio masculino, según la sabiduría hermética, es dirigir su energía inherente hacia el principio femenino, activando así los procesos creativos. No obstante, es el principio femenino el que lleva a cabo el verdadero trabajo de creación en todos los planos. Ambos principios son indispensables y deben colaborar para manifestar la infinita diversidad del universo.

Hermes nos revela que incluso en el reino inorgánico de los cristales existe una suerte de "actividad sexual" que guía su formación y crecimiento. Esta idea, vislumbrada por algunos audaces investigadores, es un indicio más de la omnipresencia del género como principio rector de la naturaleza.

La atracción y repulsión entre átomos, la afinidad química, los "amores y odios" de las partículas subatómicas, todos estos fenómenos son manifestaciones del principio del género operando en el mundo físico. Incluso la misteriosa fuerza de la gravedad, que atrae a toda la materia del universo, puede ser comprendida como una expresión de la tendencia del principio masculino a buscar la energía femenina y viceversa.

Así, mediante la sabiduría revelada por Hermes Trismegisto, podemos discernir la presencia del género en cada aspecto de la realidad, desde las partículas subatómicas hasta las estrellas y galaxias. Al contemplar el cosmos a través de este prisma hermético, se nos invita a reconocer la danza eterna de los principios masculino y femenino, cuya unión creativa da origen a la infinita maravilla de la existencia.

También en el plano mental se despliega el principio del género, deparando al observador atento interesantes descubrimientos. Al examinar las operaciones de la mente a la luz de esta enseñanza hermética, se revela una dimensión completamente nueva de nuestros procesos psíquicos, emocionales y cognitivos.

Axiomas Herméticos

Hermes Trismegisto, nos legó su sabiduría ancestral en forma de potentes axiomas y aforismos. Estos preceptos fundamentales, transmitidos oralmente de maestros a discípulos a través de incontables generaciones, permanecen como faros eternos que iluminan el sendero del conocimiento.

El gran maestro Hermes enseñó que "la posesión del Conocimiento, a menos que vaya acompañada de una manifestación y expresión en la Acción, es como el atesoramiento de metales preciosos: una cosa vana y tonta". Pues el verdadero propósito del Conocimiento, al igual que la riqueza, es su Uso práctico. La Ley Universal del Uso es ineludible, y quien la transgreda sufrirá por contravenir las fuerzas de la naturaleza.

Aunque los hermetistas, por razones de prudencia, han resguardado celosamente estas enseñanzas en las mentes de aquellos dignos de recibirlas, jamás fue su intención que el conocimiento permaneciera estéril, almacenado y oculto. Por el contrario, Hermes insistió en que el saber sin Uso y Expresión es vacuo y estéril, incapaz de beneficiar a su poseedor o a la humanidad. Por ello exhortaba: "Cuídate de la mezquindad mental y expresa en acción lo que has aprendido".

Los axiomas y aforismos del maestro deben ser estudiados con diligencia, pero sobre todo practicados con devoción. Sólo cuando se aplican constantemente, se convierten en auténtico patrimonio del discípulo.

Hermes Trismegisto reveló que "para cambiar su estado de ánimo o mental, debe cambiarse la vibración". Esta transformación puede lograrse mediante un esfuerzo consciente de la Voluntad, al dirigir deliberadamente la Atención hacia un estado más elevado. La Voluntad comanda la Atención, y ésta a su vez modifica la Vibración. Cultivar el Arte de la Atención, guiado por la Voluntad, es la clave para dominar los Estados Anímicos y Mentales.

Otro axioma cardinal enseña: "Para destruir una vibración mental indeseable, poned en funcionamiento el principio de Polaridad y concentraos en el polo opuesto al que deseáis suprimir. Eliminad lo indeseable cambiando su polaridad". Este principio, basado en leyes científicas, demuestra que los estados mentales opuestos son en realidad los dos extremos de una misma realidad, y que mediante la Transmutación Mental es posible invertir la polaridad.

Los psicólogos contemporáneos han redescubierto este antiguo principio y lo aplican para romper hábitos perniciosos, alentando a sus pacientes a concentrarse en la cualidad contraria. Así, quien está dominado por el Miedo, en lugar de intentar infructuosamente "matar" ese Miedo, debe cultivar el Valor, y el Miedo se disipará.

Imaginad un cuarto en tinieblas: no es necesario retirar la oscuridad con una pala o barrerla; basta con abrir las ventanas y permitir que la Luz inunde el espacio para que las sombras se desvanezcan. De igual modo, para erradicar una cualidad negativa, concentrad vuestra atención en el polo positivo de esa misma cualidad. Gradualmente, las vibraciones se transmutarán de negativas a positivas, hasta que vuestra polaridad se fije en el extremo positivo.

Pero cuidaos, pues lo contrario también es cierto: quienes se abandonan a una vibración excesivamente constante en el polo negativo, tarde o temprano cosecharán resultados amargos. Mediante el poder de la polarización, podréis dominar vuestros estados de ánimo, transmutar vuestra mentalidad, remodelar vuestra disposición y forjar vuestro carácter.

Gran parte del Arte de la Maestría Mental que poseen los hermetistas avanzados se fundamenta en esta aplicación del principio de Polaridad, uno de los pilares de la Alquimia Mental. Recordad siempre la máxima hermética: "La mente, al igual que los metales y los elementos, puede transmutarse de estado en estado; de grado en grado, de condición en condición; de polo en polo; de vibración en vibración".

El dominio de la Polarización es la clave maestra para transmutar la propia mente y, por extensión, influir en el entorno. Sin el arte de modificar la polaridad personal, el discípulo será incapaz de incidir en su realidad circundante. Comprender y aplicar este principio os permitirá cambiar vuestra polaridad y la de los demás, siempre que dediquéis el tiempo, la atención, el estudio y la práctica indispensables para dominar esta ciencia. El principio es inmutable, pero los frutos obtenidos dependerán de la persistente paciencia y disciplina del estudiante.

Hermes Trismegisto también enseñó que "el ritmo puede ser neutralizado mediante la aplicación del Arte de la

Polarización". Los hermetistas afirman que el Principio del Ritmo se manifiesta tanto en el Plano Mental como en el Físico, y que la desconcertante alternancia de estados anímicos, sentimientos, emociones y otros estados mentales se debe a la oscilación pendular de la mente, que nos transporta de un extremo al otro del espectro emocional.

Sin embargo, la Ley de Neutralización permite, en gran medida, trascender los efectos del Ritmo en la conciencia. Existe un Plano Superior de Conciencia, y el Maestro, al elevarse mentalmente hacia ese Plano, logra que la oscilación del péndulo mental se manifieste únicamente en el Plano Inferior, mientras él mora imperturbable en su Plano Superior, inmune a los vaivenes de la oscilación regresiva. Esto se logra polarizándose en el Yo Superior y elevando las vibraciones mentales del Ego por encima del plano ordinario de conciencia. Es análogo a remontarse por encima de un obstáculo, permitiendo que éste pase por debajo sin tocarnos.

El hermetista avanzado se polariza en el Polo Positivo de su Ser, el "Yo Soy", en lugar de identificarse con el polo transitorio de la personalidad. Al "rechazar" y "negar" la operación del Ritmo, se eleva por encima de ese plano de conciencia y, afirmándose inquebrantablemente en su Declaración del Ser, permite que el péndulo oscile en el Plano Inferior sin alterar su Polaridad. Todos los individuos que han alcanzado cierto grado de autodominio logran esto en alguna medida, comprendan o no la ley subyacente. Simplemente "se niegan" a ser zarandeados por el péndulo de los estados de ánimo y las emociones, y al afirmarse resueltamente en el polo Positivo, permanecen polarizados en él.

El Maestro, por supuesto, alcanza un grado de destreza muy superior, pues comprende la ley que está trascendiendo mediante una ley más elevada. A través del uso magistral de su Voluntad, logra un equilibrio y una firmeza mental casi inconcebibles para quienes se dejan arrastrar por los vaivenes del péndulo anímico.

Es crucial recordar que, en realidad, no se destruye el Principio del Ritmo, pues es indestructible. Simplemente se lo supera contrarrestándolo con otra ley, manteniendo así un equilibrio dinámico. Las leyes del equilibrio y el contrapeso operan tanto en el plano mental como en el físico, y comprender estas leyes permite aparentar que se anulan leyes, cuando en realidad sólo se está aplicando una fuerza compensatoria.

Hermes Trismegisto proclamó: "Nada escapa al Principio de Causa y Efecto, pero existen múltiples Planos de Causación, y es posible emplear las leyes de los planos superiores para superar las de los inferiores". Mediante la comprensión y la práctica de la Polarización, los hermetistas se elevan a un plano superior de Causación y así contrarrestan las leyes de los planos subordinados.

Al ascender por encima del plano de las Causas comunes, ellos mismos se convierten, hasta cierto punto, en Causas, en lugar de ser meros efectos. Al ser capaces de dominar sus propios estados de ánimo y sentimientos, y de neutralizar el Ritmo, como se explicó previamente, pueden sustraerse en gran medida a las operaciones de la Causa y el Efecto en el plano ordinario.

Las masas se dejan arrastrar, obedientes a su entorno, a las voluntades y deseos de otros más fuertes que ellos, a los efectos de las tendencias heredadas, a las sugestiones de quienes los rodean y a otras causas externas que los mueven como peones en el tablero de la vida. En cambio, los hermetistas avanzados, al elevarse por encima de estas influencias condicionantes, buscan un plano superior de acción mental. Dominando sus estados de ánimo, emociones, impulsos y sentimientos, crean para sí mismos nuevos caracteres, cualidades y poderes, mediante los cuales trascienden su entorno habitual y se convierten en jugadores activos en lugar de meros peones pasivos.

Estas personas contribuyen a jugar el juego de la vida de manera lúcida, en lugar de ser zarandeadas por influencias, poderes y voluntades más fuertes. Emplean el Principio de Causa y Efecto en lugar de ser utilizadas por él. Por supuesto, incluso los más elevados están sujetos a este Principio tal como se manifiesta en los planos superiores, pero en los planos inferiores de actividad son Maestros en lugar de Esclavos.

Como enseña Hermes: "Los sabios sirven en lo superior, pero gobiernan en lo inferior. Obedecen las leyes que emanan de lo alto, pero en su propio plano, y en los que están por debajo, gobiernan y dan órdenes. Y al hacerlo, forman parte del Principio en lugar de oponerse a él. El hombre sabio se integra a la Ley, y comprendiendo sus movimientos la maneja en lugar de ser su esclavo ciego. Así como el nadador diestro se desplaza a voluntad, avanzando y retrocediendo a su antojo, en lugar de ser como el tronco a la deriva, así es el sabio comparado con el hombre común. Y, sin embargo, tanto el nadador como el tronco, el sabio y el necio, están sujetos a la Ley".

Parte II - El Divino Poimandres

Poimandres, dentro de la tradición hermética, se refiere a una entidad o consciencia divina que representa el "Nous" o la Mente Universal. Es descrito como una manifestación del pensamiento divino o la sabiduría primordial, a través de la cual se revelan los misterios del cosmos y el proceso espiritual del despertar humano. En el primer tratado del Corpus Hermeticum, Poimandres se aparece a Hermes Trismegisto, ofreciendo enseñanzas esenciales sobre la naturaleza del universo, el alma, y la consecución de la gnosis, o conocimiento espiritual directo. Este encuentro establece las bases para la filosofía hermética, la cual explora la unidad entre el Microcosmos (el ser humano) y el Macrocosmos (el universo), proponiendo un camino de ascenso espiritual hacia la unidad con lo divino.

Libro 1

1. Querido hijo, escribe este primer Libro por amor a la Humanidad y por reverencia a Dios.

2. No hay religión más auténtica y justa que reconocer lo que existe y agradecer por todo al creador, algo que haré constantemente.

3. Padre, ¿qué debe hacer el hombre para vivir bien, si aquí nada es verdadero?

4. Hijo mío, sé piadoso y religioso, pues quien lo hace es el mejor y más elevado filósofo. Sin filosofía, es imposible alcanzar la verdadera piedad o religión.

5. Quien aprende y estudia lo que existe, cómo se ordena y gobierna, por quién, por qué causa y con qué fin, agradecerá al Creador como a un buen Padre, una excelente Nodriza y un fiel Administrador. Quien agradece será Piadoso o Religioso, y quien es Religioso sabrá dónde está la verdad y qué es, volviéndose aún más Religioso.

6. Hijo, el Alma que mientras está en el Cuerpo se eleva para comprender el Bien y la Verdad, jamás podrá retroceder a lo contrario, pues está infinitamente enamorada de ello y olvida todos los Males. Al conocer a su Padre y progenitor, no puede Apostatar ni apartarse de ese Bien.

7. Que éste, hijo, sea el fin de la Religión y la Piedad. Una vez los alcances, vivirás bien y morirás dichoso, mientras tu Alma no ignore si volverá a elevarse.

8. Éste es el único camino a la Verdad que nuestros Progenitores recorrieron, y por el cual, tras su Viaje, alcanzaron el Bien. Es un camino Venerable y llano, pero arduo y difícil para el Alma encarnada.

9. Pues primero debe luchar contra sí misma, y tras mucho Conflicto y Disensión, una parte debe ser vencida, ya que la Contienda es de uno contra dos, mientras ella huye y ellos intentan retenerla.

10. Pero la victoria de ambos no es igual; uno se apresura hacia el Bien, pero el otro es vecino del Mal. El

Bien desea ser liberado, pero el Mal ama la Esclavitud y el Cautiverio.

11. Si ambas partes son vencidas, se aquietan y aceptan a su Gobernante. Pero si una es vencida, es conducida por las otras dos al castigo por su ser y permanencia aquí.

12. Ésta es, hijo, la Guía en el camino que conduce allá. Primero debes abandonar el Cuerpo antes de tu fin y obtener la victoria en esta vida de Lucha, y al vencer, regresar.

13. Ahora, hijo mío, repasaré las cosas que existen. Entiende lo que digo y recuerda lo que oyes.

14. Todo lo que existe se mueve; sólo lo que no existe es inmóvil.

15. Todo Cuerpo cambia.

16. No todo Cuerpo se disuelve.

17. Algunos Cuerpos son disolubles.

18. No todo ser vivo es mortal.

19. No todo ser vivo es inmortal.

20. Lo que puede disolverse también es corruptible.

21. Lo que permanece siempre es inmutable.

22. Lo inmutable es eterno.

23. Lo que se hace constantemente siempre se corrompe.

24. Lo que se hace una vez, nunca se corrompe ni se transforma en otra cosa.

25. Primero, Dios; Segundo, el Mundo; Tercero, el Hombre.

26. El Mundo es para el Hombre, el Hombre para Dios.

27. Del Alma, la parte Sensible es mortal, pero la Razonable es inmortal.

28. Toda esencia es inmortal.

29. Toda esencia es inmutable.

30. Todo lo que existe es doble.

31. Nada de lo que existe permanece inmóvil.

32. No todo es movido por un Alma, pero todo lo que existe es movido por un Alma.

33. Todo lo que sufre es sensible, todo lo sensible sufre.

34. Todo lo que está triste también se alegra, y es una criatura viviente mortal.

35. No todo lo que se alegra está triste, sino que es una criatura viviente eterna.

36. No todo Cuerpo enferma; todo Cuerpo que enferma es disoluble.

37. La Mente está en Dios.

38. El Razonamiento está en el Hombre.

39. La razón está en la mente.

40. La Mente está libre de sufrimiento.

41. Nada en un Cuerpo es verdadero.

42. Todo lo incorpóreo está libre de Mentira.

43. Todo lo creado es corruptible.

44. Nada bueno hay en la Tierra, nada malo en el Cielo.

45. Dios es bueno, el hombre es malo.

46. El bien es voluntario.

47. El mal es involuntario.

48. Los Dioses eligen las cosas buenas, por ser buenas.

49. El tiempo es Divino.

50. La Ley es Humana.

51. La malicia es el alimento del Mundo.

52. El Tiempo es la Corrupción del Hombre.

53. Lo que está en el Cielo es inalterable.

54. Todo lo que está en la Tierra es alterable.

55. Nada en el Cielo es servido, nada en la Tierra es libre.

56. Nada en el Cielo es desconocido, nada en la Tierra es conocido.

57. Las cosas de la Tierra no se comunican con las del Cielo.

58. Todo en el Cielo es irreprochable, todo en la Tierra es reprochable.

59. Lo inmortal no es mortal; lo mortal no es inmortal.

60. Lo que se siembra no siempre se engendra, pero lo que se engendra siempre se siembra.

61. De un Cuerpo disoluble, hay dos Tiempos: uno de siembra a generación, otro de generación a muerte.

62. De un Cuerpo eterno, el tiempo sólo va desde la Generación.

63. Los Cuerpos disolubles aumentan y disminuyen.

64. La materia disoluble se altera en contrarios: Corrupción y Generación, pero la materia Eterna en sí misma y sus semejantes.

65. La Generación del Hombre es Corrupción; la Corrupción del Hombre es el inicio de la Generación.

66. Lo que engendra a otro es a su vez engendrado por otro.

67. De las cosas que existen, algunas están en Cuerpos, otras en sus Ideas.

68. Todo lo que pertenece a la operación o al trabajo está en un Cuerpo.

69. Lo inmortal no participa de lo mortal.

70. Lo mortal no entra en un Cuerpo inmortal, pero lo inmortal entra en lo mortal.

71. Las Operaciones o Trabajos no ascienden, sino que descienden.

72. Las cosas de la Tierra no benefician a las del Cielo, pero todas las cosas del Cielo benefician a las de la Tierra.

73. El Cielo es capaz y un receptáculo adecuado de Cuerpos eternos; la Tierra, de Cuerpos corruptibles.

74. La Tierra es bruta, el Cielo es razonable.

75. Las cosas en el Cielo están sujetas a él, las cosas en la Tierra están sobre él.

76. El Cielo es el primer Elemento.

77. La Providencia es el Orden Divino.

78. La necesidad es la servidora de la Providencia.

79. La Fortuna es el efecto de lo desordenado; el Ídolo de la operación, una opinión mentirosa.

80. ¿Qué es Dios? El Bien inmutable.

81. ¿Qué es el hombre? El Mal inmutable.

82. Si recuerdas bien estas Cabeceras, no olvidarás lo que te he explicado con más detalle, pues éstas son su Resumen.

83. Evita conversar con la gente común, pues no quiero que seas envidiado ni que parezcas ridículo ante la multitud.

84. Lo semejante atrae a lo semejante, pero lo diferente nunca concuerda. Estos Discursos tienen pocos Oyentes, y quizás muy pocos los tendrán, pero tienen algo peculiar en sí mismos.

85. Más bien estimulan a los malvados en su malicia, por lo que conviene evitar a la multitud y tener cuidado de ellos, como si no entendieran la virtud y el poder de lo que se dice.

86. ¿Qué quieres decir, Padre?

87. Así, hijo, toda la Naturaleza y Composición de los seres vivientes llamados Hombres es muy propensa a la Malicia, está muy familiarizada con ella y se deleita en ella. Si esta persona llegara a saber que el mundo fue hecho una vez, y que todo sucede según la Providencia, la Necesidad y el Destino gobiernan sobre todo, ¿no sería aún peor, despreciando el todo porque fue creado? Y si atribuye la causa del mal al Destino o a la Fortuna, nunca se abstendrá de obrar mal.

88. Por eso debemos ser cautelosos con esa clase de gente, para que, siendo ignorantes, sean menos malvados por miedo a lo oculto y secreto.

Libro 2

1. En una ocasión, mientras reflexionaba profundamente sobre la existencia, elevé mi entendimiento y todos mis sentidos quedaron suspendidos, como si estuviera sumido en un sueño profundo. Entonces, vi aparecer ante mí a un ser de gran estatura e infinita grandeza que me llamó por mi nombre y me preguntó: "¿Qué deseas escuchar, ver, entender y conocer?".

2. Yo respondí: "¿Quién eres tú?". "Soy Poimandres, la Mente del Supremo", dijo. "Sé lo que anhelas y estoy siempre contigo".

3. Entonces expresé mi deseo: "Quisiera comprender la naturaleza de las cosas y conocer a Dios". "¿De qué manera?", preguntó. "Con gusto te escucharé", contesté. "Concéntrate en lo que deseas aprender y yo te instruiré", prometió.

4. Dicho esto, cambió de forma y en un instante todo se reveló ante mí. Vi una visión ilimitada donde todo se convirtió en luz, serena y gozosa. Me sentí maravillado al contemplarla.

5. Pero poco después, una oscuridad parcial descendió oblicuamente, temible y sombría, semejante a una serpiente. Luego, esa oscuridad se transformó en una naturaleza

húmeda e indescriptiblemente agitada, que exhalaba humo como si fuera fuego y emitía un sonido inexpresable y lastimero.

6. De la luz, una Palabra Santa se unió a la naturaleza, y un fuego puro se elevó de la naturaleza húmeda hacia las alturas. El fuego era sutil, penetrante y activo. El aire, siendo también ligero, siguió al fuego, elevándose desde la tierra y el agua hasta parecer suspendido de él. La tierra y el agua permanecían mezcladas, sin que se pudiera distinguir una de otra, y eran movidas por la Palabra Espiritual que se cernía sobre ellas.

7. Entonces Poimandres me preguntó: "¿Comprendes el significado de esta visión?". Yo respondí: "Lo sabré". "Esa luz soy yo", declaró, "la Mente, tu Dios, que existía antes de la naturaleza húmeda surgida de las tinieblas. La Palabra luminosa que emana de la Mente es el Hijo de Dios".

8. "¿Cómo es eso?", pregunté. "Entiende que lo que en ti ve y oye es la Palabra del Señor, y la Mente es Dios Padre. No están separados entre sí, pues su unión es la Vida", explicó.

9. Agradecí a Poimandres y él me pidió que primero comprendiera la Luz y la reconociera.

10. Tras decir esto, me miró fijamente durante un largo tiempo, hasta el punto que me estremecí ante su aspecto.

11. Cuando asintió, vi en mi mente la Luz que contenía innumerables poderes y se había convertido en un

mundo ordenado. El fuego estaba rodeado y contenido por un gran poder, manteniéndose firme en su lugar.

12. Comprendí estas cosas al observar la Palabra de Poimandres. Cuando me maravillé, me preguntó de nuevo: "¿Has visto en tu mente la forma arquetípica, que precedía al comienzo interminable e infinito?". Le pregunté sobre el origen de los elementos de la naturaleza.

13. "Proceden de la Voluntad de Dios", respondió Poimandres, "que tomó la Palabra y, contemplando el hermoso mundo arquetípico, imitó su forma y creó el mundo usando los elementos y gérmenes de vida provenientes de Sí mismo. La Mente, siendo Dios masculino-femenino, Vida y Luz, dio origen por medio de la Palabra a otra Mente creadora, que siendo Dios del Fuego y el Aliento, formó siete Regidores que abarcaron en sus órbitas el mundo perceptible. Su gobierno se llama Destino".

14. De inmediato, la Palabra de Dios saltó de los elementos sometidos hacia la pura creación de la Naturaleza y se unió a la Mente creadora, pues era de la misma sustancia. Y los elementos irracionales de la Naturaleza quedaron como simple materia.

15. La Mente creadora, junto con la Palabra, abarcando los círculos y haciéndolos girar con gran velocidad, inició un movimiento rotatorio interminable, comenzando y terminando donde mismo.

16. Esta rotación hizo que de los elementos primordiales surgieran los seres irracionales. El aire produjo lo que vuela y el agua lo que nada.

17. La tierra y el agua se separaron entre sí según la voluntad de la Mente, y la tierra hizo brotar de sí misma a los seres vivientes que contenía: cuadrúpedos, reptiles, bestias salvajes y domésticas.

18. Pero la Mente, Padre de todo, que es Vida y Luz, engendró al Hombre semejante a Sí mismo y lo amó como a Su propia criatura, pues el Hombre era de hermosa forma, portando la imagen de su Padre.

19. Dios amó especialmente Su propia forma y le entregó todas sus obras. Pero el Hombre, contemplando la creación del Creador en el Fuego puro, quiso también crear y se le permitió hacerlo. Entrando en la esfera de la creación, en la que tenía pleno poder, el Hombre observó las obras de su hermano.

20. Los Regidores lo amaron, y cada uno compartió con él parte de su propio reino.

21. Conociendo bien su esencia y recibiendo participación en su naturaleza, el Hombre quiso atravesar los límites de los círculos y comprender el poder de Aquel que reina sobre el Fuego.

22. Habiendo ya adquirido poder sobre el mundo mortal y los seres irracionales, el Hombre se inclinó a través de la armonía, quebrantó la fuerza de los círculos y mostró a la Naturaleza inferior la bella forma de Dios.

23. La Naturaleza, al ver la belleza de la forma de Dios, sonrió con amor, pues había visto la hermosura de la forma humana reflejada en el agua y su sombra sobre la tierra. El Hombre, viendo en el agua una forma semejante a sí mismo, se enamoró de ella y quiso habitarla. Al instante su deseo se cumplió y vino a habitar la forma irracional. La Naturaleza, tomando al amado, lo envolvió completamente y se unieron, pues estaban enamorados.

24. Por esta razón, a diferencia de todos los demás seres que viven sobre la tierra, el Hombre es doble: mortal por su cuerpo, pero inmortal por su esencia humana. Aunque inmortal y poseedor del poder sobre todas las cosas, el Hombre está sujeto al Destino que rige lo mortal. Así, estando por encima de la armonía del mundo, se ha convertido en esclavo de esta armonía. Siendo andrógino por su origen en el Padre andrógino, y siendo además insomne, es gobernado por un Padre que es a la vez andrógino e insomne.

25. Después de esto, le dije a Poimandres: "Estoy enamorado de tu enseñanza y me entrego a ella con todo mi ser". Poimandres respondió: "Este es el misterio que hasta hoy está oculto. La Naturaleza, al unirse con el Hombre, produjo una maravilla extraordinaria. El Hombre, incluyendo la naturaleza de la armonía de los Siete, compuestos del Fuego y el Aliento, la Naturaleza no se demoró y dio a luz siete Hombres, correspondientes a las naturalezas de los Siete Regidores, andróginos y excelsos".

26. "Ahora, Poimandres", dije, "siento un gran anhelo de escuchar más; por favor, continúa". "Guarda silencio", respondió, "pues aún no he terminado mi primer discurso".

27. "Heme aquí en silencio", dije. Prosiguió: "Así ocurrió la generación de esos siete primeros Hombres. La tierra era el elemento femenino, el agua el elemento fecundante. El fuego hizo madurar los cuerpos y de la sustancia etérea la Naturaleza recibió el soplo vital, produciendo los cuerpos con la forma del Hombre".

28. "El Hombre procedía de Vida y Luz, transformándose en alma y mente: del principio de Vida procedía el alma, de la Luz la mente. Y así, todos los miembros del mundo sensible quedaron conformados, hasta el término del ciclo inicial".

29. "Escucha ahora el resto del discurso que tanto anhelas oír. Cumplido el ciclo, el vínculo universal fue desatado por la voluntad de Dios. Pues todos los seres vivientes, siendo andróginos, se separaron al mismo tiempo que el Hombre, convirtiéndose unos en machos y otros en hembras".

30. "Inmediatamente, Dios dijo con su Palabra Santa: 'Creced en crecimiento y multiplicaos en multitud, todas las criaturas y obras mías. Que quien tenga mente en sí, reconozca su inmortalidad y sepa que la causa de la muerte es el amor al cuerpo, y que conozca todo lo que existe'".

31. Habiendo hablado así, la Providencia, por medio del Destino y la armonía, hizo que se produjeran las uniones y se establecieran las generaciones. Y todos los seres se multiplicaron según su especie. El que se reconoció a sí mismo alcanzó el Bien perfecto; pero el que, por un error de amor, se apegó al cuerpo, ese permanece errando en la oscuridad, sufriendo por sus sentidos las cosas de la muerte.

32. Entonces pregunté: "¿Cuál es el gran pecado de los ignorantes, para que se vean privados de la inmortalidad?". "Pareces no haber meditado sobre lo que oíste", me respondió. "¿No te dije que lo entendieras?".

33. "Sí lo entendí y lo recuerdo, y al mismo tiempo te doy gracias", contesté. "Pues bien, si lo has entendido, dime entonces por qué merecen la muerte los que están en la ignorancia", insistió. "Porque el germen de la muerte es la sombría tristeza, de la cual procede la naturaleza húmeda, de la que se constituye el cuerpo en el mundo sensible, y de donde bebe la muerte".

34. "Has comprendido correctamente", afirmó. Pero le pregunté cómo podría ascender a la Vida, ya que la Mente había dicho: "El hombre que tenga Mente en sí, que reconozca que es inmortal y que la causa de la muerte es el amor".

35. "¿Acaso no poseen Mente todos los hombres?", indagué. "Cuida tus palabras", me advirtió, "pues yo, la Mente misma, estoy presente en los hombres santos y buenos, puros y misericordiosos, en los que viven piadosamente. Mi presencia les sirve de ayuda, de modo que enseguida conocen todo e imploran con amor al Padre. Le dan gracias y le alaban, ordenando sus vidas conforme a Él".

36. "Antes de entregar su cuerpo a la muerte, aborrecen los sentidos, conociendo sus obras. O más bien, yo misma, la Mente, no permitiré que produzcan sus efectos los embates de los cuerpos. Siendo portera, cerraré la

entrada a las malas y vergonzosas acciones, impidiendo los pensamientos impuros".

37. "Pero de los insensatos, malos y perversos, envidiosos y codiciosos, homicidas e impíos, me mantengo alejada, cediendo el lugar al demonio vengador, que atormenta a esos hombres con el aguijón de los sentidos, arrojándolos aún más al fuego de sus pasiones, aumentando incesantemente su tormento. Estos no cesan de anhelar apetitos desenfrenados e insaciables, luchando siempre en la oscuridad, lo cual agrava su mal y añade aún más fuego a su tormento".

38. "Me has instruido bien en todas las cosas, oh Mente, tal como lo deseaba", dije. "Pero explícame ahora cómo se produce la ascensión a la Vida". Poimandres respondió: "En primer lugar, al disolverse el cuerpo material, entregas ese cuerpo a la alteración. La forma que poseías se vuelve invisible, y entregas tu carácter, ya inactivo, al demonio. Los sentidos corporales retornan a sus fuentes, convirtiéndose en partes del Universo y entrando de nuevo en actividad. La cólera y el deseo se reintegran en la naturaleza irracional".

39. "Así el hombre se eleva a través de la armonía. En la primera zona abandona la potencia de crecer y decrecer; en la segunda, la industria del mal y el fraude ya inactivos; en la tercera, la ilusión del deseo; en la cuarta, la ostentación del mando, ya sin ambiciones; en la quinta, la audacia impía y la temeridad presuntuosa; en la sexta, el apego a las riquezas, ya sin avaricia; y en la séptima zona, la mentira insidiosa".

40. "Despojado así de todas las obras de la armonía, entra en la naturaleza ogdoádica[1], no poseyendo otra cosa que su propia potencia. Canta himnos al Padre junto con los Seres, y todos los presentes se regocijan con su llegada. Habiéndose asemejado a los Compañeros, escucha también ciertas Potencias que están sobre la naturaleza ogdoádica, cantando himnos a Dios con una voz que les es propia. Entonces, en orden, ascienden hacia el Padre, se entregan a las Potencias y, convertidos en Potencias ellos mismos, entran en Dios. Tal es el Bien final de los que poseen el Conocimiento: convertirse en Dios".

41. "Ahora dime, ¿por qué te detienes? ¿No te corresponde, habiendo recibido todo, convertirte en guía para los que son dignos, a fin de que, por tu medio, el género humano sea salvado por Dios?".

42. Al decir esto, Poimandres se unió a las Potencias. Yo, dando gracias y bendiciendo al Padre de todas las cosas, fui despedido por Él, colmado de poder e instruido en la naturaleza del Todo y en la suprema visión.

43. Comencé a predicar a los hombres la belleza de la religión y del conocimiento: "Oh pueblos, hijos de la tierra, que os habéis abandonado a la embriaguez, el sueño y la

---

[1] El término "ogdoádica" hace referencia a la Ogdoada, un concepto que se origina en la mitología y la filosofía antigua, especialmente dentro de tradiciones gnósticas y herméticas. La Ogdoada representa un grupo de ocho deidades o principios, a menudo asociados con la creación y aspectos cosmológicos fundamentales. En contextos gnósticos, puede simbolizar un estado de conciencia o esferas de existencia que están más allá del mundo físico y cerca de lo divino, implicando un nivel de realización espiritual o de conocimiento sagrado.

ignorancia de Dios, sed sobrios, poned fin a vuestra embriaguez, despertad de vuestro letargo".

44. Al oírme, se reunieron unánimes. Entonces continué: "¿Por qué, oh hijos de la tierra, os habéis entregado a la muerte, teniendo el poder de participar de la inmortalidad? Arrepentíos, vosotros que habéis caminado en el error y sido compañeros de la ignorancia; alejaos de la oscura luz y abandonad la corrupción para tomar parte en la inmortalidad".

45. Algunos, burlándose, se apartaron y se entregaron al camino de la muerte. Pero otros, arrojándose a mis pies, me suplicaron que les enseñara. Haciéndolos levantar, me convertí en guía de la humanidad, enseñándoles las razones, el modo y los medios de la salvación. Sembré en ellos las palabras de la sabiduría y fueron nutridos con el agua ambrosíaca.

46. Al atardecer, cuando la luz del sol comenzaba a ocultarse por completo, les aconsejé que dieran gracias a Dios. Después de cumplir su acción de gracias, cada uno se dirigió a su lecho.

47. Yo, habiendo grabado en mí mismo el beneficio de Poimandres y colmado de aquello que anhelaba, me regocijé, pues el sueño del cuerpo se había convertido en sobriedad del alma, el cerrar de mis ojos en verdadera visión, mi silencio en gestación del bien y la pronunciación de la palabra en cosecha de bienes.

48. Todo esto me sucedió por haber recibido de mi Mente, es decir, de Poimandres, el Verbo de la Soberanía

absoluta. Inspirado por Él, llegué a la Verdad. Por eso, con toda mi alma y todas mis fuerzas, doy gracias a Dios Padre.

49. Santo es Dios, el Padre de todas las cosas.

50. Santo es Dios, cuya voluntad se cumple por sus propias potencias.

51. Santo es Dios, que quiere ser conocido y es conocido por los suyos.

52. Santo eres Tú, que por el Verbo constituiste todo cuanto existe.

53. Santo eres Tú, de quien toda la naturaleza es imagen.

54. Santo eres Tú, a quien la naturaleza no ha formado.

55. Santo eres Tú, que eres más fuerte que todo poder.

56. Santo eres Tú, superior a toda excelencia.

57. Santo eres Tú, que sobrepasas todas las alabanzas.

58. Acoge los puros sacrificios verbales que te ofrece un alma y un corazón elevados hacia Ti, oh Inexpresable, Inefable, a quien sólo el silencio puede nombrar.

59. Te suplico que no me apartes jamás de este conocimiento, propio de nuestra esencia. Guíame y concede tu gracia a todos los que están en la ignorancia, hermanos míos, hijos tuyos.

60. Por eso creo en ti y doy testimonio de ti; paso a la Vida y a la Luz.

61. Bendito seas, Padre. El hombre que te pertenece quiere compartir tu santidad, como le has otorgado todo poder.

Libro 3

El Santo Sermón

1. La gloria de todas las cosas es Dios, lo Divino y la Naturaleza Divina, que son el principio de todo lo que existe.

2. Dios, la Mente, la Naturaleza, la Materia, la Operación o el Trabajo, la Necesidad, el Fin y la Renovación son elementos fundamentales.

3. En el Caos había una oscuridad infinita en el Abismo sin fondo, Agua y un Espíritu sutil e inteligente en Poder. La Luz Sagrada emergió y los Elementos se formaron a partir de la Arena de la Sustancia húmeda.

4. Todos los Dioses distinguieron la Naturaleza llena de Semillas.

5. Cuando todo estaba indeterminado y deshecho, las cosas ligeras se separaron hacia arriba. Las cosas pesadas se asentaron sobre la arena húmeda. Todo fue Terminado o Dividido por el Fuego, sostenido por el Espíritu, y así se formó el Cielo en Siete Círculos.

6. Los Dioses se manifestaron en las Ideas de las Estrellas, con todos sus Signos. Las Estrellas fueron contadas junto con los Dioses en ellas. La Esfera estaba envuelta en Aire, transportada circularmente por el Espíritu de Dios.

7. Cada Dios, por su poder interno, hizo lo que se le ordenó. Fueron creados los cuadrúpedos, los reptiles, los seres acuáticos, las aves, las semillas fructíferas, las hierbas y las flores de todos los verdes, que contenían en sí mismas las Semillas de la Regeneración.

8. También se crearon las Generaciones de los hombres para conocer las Obras Divinas, como un Testimonio vivo de la Naturaleza. Una multitud de hombres surgió para ejercer el Dominio sobre todas las cosas bajo el Cielo, conocer las cosas buenas, aumentar en número y multiplicarse.

9. Toda Alma en carne, por la maravillosa obra de los Dioses en los Círculos, existe para contemplar el Cielo, los Dioses, las Obras Divinas y las Operaciones de la Naturaleza, para reconocer las Señales de las cosas buenas y conocer el Poder Divino, y para descubrir la astucia de las cosas buenas.

10. Así, la vida y la sabiduría comienzan a manifestarse en ellos según la Operación del curso de los Dioses circulares. Se convierten en grandes Monumentos y Recuerdos de las astutas Obras realizadas sobre la Tierra, dejándolas para ser leídas a través de la oscuridad de los tiempos.

11. Cada generación de carne viva, Fruta, Semilla y todas las Artesanías, aunque se pierdan, deben necesariamente ser renovadas por la renovación de los Dioses y de la Naturaleza en un Círculo, moviéndose en número. Porque es una cosa Divina que cada temperatura del mundo sea renovada por la naturaleza, ya que en lo Divino también se establece la Naturaleza.

Libro 4

1. Asclepio, el discurso de ayer te lo dediqué a ti. El de hoy conviene dedicárselo a Tat, ya que es un resumen de los discursos generales que le fueron pronunciados.

2. Dios, el Padre y el Bien, oh Tat, tienen la misma naturaleza y el mismo acto y operación.

3. Hay un nombre que concierne a las cosas mudables y otro a las inmutables e inamovibles, es decir, las cosas divinas y humanas. Cada una tendrá que ser así por sí misma, pero la acción u operación es de otra cosa, como hemos enseñado respecto a lo divino y humano, lo cual debe entenderse aquí también.

4. La operación o acto de Dios es su voluntad, y su esencia es querer que todas las cosas sean.

5. Porque, ¿qué es Dios, el Padre y el Bien, sino el ser de todas las cosas que aún no son y la existencia misma de aquellas que son?

6. Esto es Dios, esto es el Padre, esto es el Bien, donde ninguna otra cosa está presente o se aproxima.

7. El mundo y el sol, que también es un padre por participación, no son igualmente la causa del bien y de la vida para las criaturas vivientes. Si esto es así, está totalmente obligado por la voluntad del Bien, sin la cual no es posible ser ni ser engendrado o hecho.

8. El padre es la causa de sus hijos, que tiene la voluntad tanto de sembrar como de alimentar lo que es bueno por el hijo.

9. El Bien está siempre activo en hacer, y esto no puede ser en ningún otro sino en aquel que no toma nada y sin embargo quiere que todas las cosas sean. No diré, oh Tat, que las hace, porque el que hace es defectuoso en mucho tiempo, a veces no hace y a veces hace cosas de cantidad y calidad variables.

10. Pero Dios es el Padre y el Bien, al ser todas las cosas. Esto será así como lo es, todo por sí mismo, para aquel que puede verlo.

11. La propiedad del Bien es ser conocido. Esto es el Bien, oh Tat.

12. Nos has colmado, oh Padre, con una vista buena y hermosa. El ojo de mi mente casi se santifica por este espectáculo.

13. No me maravilla, porque la vista del bien no es como el rayo del sol que ciega el ojo por su excesiva luz. Al

contrario, ilumina y aumenta la luz del ojo para que pueda recibir la influencia de esta claridad inteligible.

14. Es más rápido y agudo para penetrar, inofensivo, y lleno de inmortalidad. Los que pueden contemplar este espectáculo muchas veces se duermen desde el cuerpo en esta visión más hermosa, como obtuvieron nuestros progenitores Celio y Saturno.

15. Ojalá nosotros también pudiéramos hacerlo, oh Padre.

16. Ojalá pudiéramos, oh hijo. Pero por el momento estamos menos atentos a la visión y no podemos abrir los ojos de nuestras mentes para contemplar la belleza incorruptible e incomprensible de ese Bien. La veremos cuando no tengamos nada que decir de ella.

17. Pues el conocimiento de ello es un silencio divino y el descanso de todos los sentidos. El que entiende eso no puede entender otra cosa, el que ve eso no puede ver otra cosa, ni oír otra cosa, ni mover el cuerpo.

18. Brillando sobre y alrededor de toda la mente, ilumina toda el alma, desprendiéndola de los sentidos y movimientos corporales, la saca del cuerpo y la cambia totalmente en la esencia de Dios.

19. Es posible que el alma, oh hijo, sea deificada mientras permanece en el cuerpo del hombre, si contempla la belleza del Bien.

20. ¿Qué quieres decir con deificar, Padre?

21. Hay diferencias en cada alma, oh hijo.

22. ¿Pero cómo divides los cambios?

23. ¿No has oído en los discursos generales que de una sola alma del universo proceden todas las almas que son sacudidas arriba y abajo en el mundo? De estas almas hay muchos cambios, algunos en un estado más afortunado y otros todo lo contrario. Las de las cosas que se arrastran se cambian en las de las cosas acuáticas, las de las cosas que viven en el agua a las de la tierra, las aéreas se cambian en hombres, y las almas humanas que se aferran a la inmortalidad se cambian en demonios.

24. Y así pasan a la esfera o región de los dioses fijos, pues hay dos coros o compañías de dioses, uno de los que vagan y otro de los que están fijos. Y esta es la gloria más perfecta del alma.

25. Pero el alma que entra en el cuerpo de un hombre, si continúa mal, no gustará de la inmortalidad ni será partícipe del bien.

26. Sino que, siendo arrastrada por el mismo camino, vuelve a las cosas que se arrastran. Y esta es la condenación de un alma mala.

27. La maldad de un alma es la ignorancia. El alma que no sabe nada de las cosas que son, ni de su naturaleza, ni de lo que es bueno, sino que está cegada, se precipita contra las pasiones corporales y, sirve infelizmente a cuerpos extraños y malos, llevando al cuerpo como una carga, no gobernando sino siendo gobernada. Este es el mal del alma.

28. Por el contrario, la virtud del alma es el conocimiento. El que conoce es a la vez bueno, religioso y ya divino.

29. ¿Pero quién es tal, oh Padre?

30. Aquel que ni habla ni oye muchas cosas, porque aquel, oh hijo, que oye dos discursos, lucha en la sombra.

31. Pues Dios, el Padre y el Bien, ni se habla ni se oye.

32. En todas las cosas que son, están los sentidos, porque no pueden ser sin ellos.

33. Pero el conocimiento difiere mucho del sentido. El sentido es de las cosas que lo superan, pero el conocimiento es el fin del sentido.

34. El conocimiento es el don de Dios. Todo conocimiento es incorpóreo, pero usa la mente como un instrumento, como la mente usa el cuerpo.

35. Por lo tanto, tanto las cosas inteligibles como las materiales entran en los cuerpos, porque por contraposición y contradicción todas las cosas deben existir. Y es imposible que sea de otra manera.

36. ¿Quién es, pues, este Dios material?

37. El bello y hermoso mundo, pero no es bueno porque es material y fácilmente transitable. Es la primera de todas las cosas transportables, la segunda de las que son, y necesita algo más. Fue hecho una vez, es siempre y está siempre en generación, hace y continuamente genera cosas que tienen cantidad y calidad.

38. Porque es movible, y todo movimiento material es generación. Pero la estabilidad intelectual mueve el movimiento material.

39. El mundo es una esfera, que es una cabeza, y por encima de la cabeza no hay nada material, como por debajo de los pies no hay nada intelectual.

40. El universo entero es material. La mente es la cabeza y se mueve esféricamente, como una cabeza.

41. Todo lo que está unido a la membrana de esta cabeza, donde está el alma, es inmortal y, como en el alma de un cuerpo hecho, tiene su alma llena del cuerpo. Pero los que están más lejos de esa membrana tienen el cuerpo lleno de alma.

42. El todo es un ser vivo y por lo tanto consiste en material e intelectual.

43. El mundo es el primero, y el hombre el segundo ser viviente después del mundo. Pero el primero de las cosas que son mortales y por lo tanto tiene cualquier beneficio del alma que todos los demás tienen. Y sin embargo, a pesar de todo esto, no sólo no es bueno, sino rotundamente malo por ser mortal.

44. El mundo no es bueno por ser movible, ni malo por ser inmortal.

45. Pero el hombre es malo, tanto por ser movible como por ser mortal.

46. El alma del hombre es llevada de esta manera: la mente está en la razón, la razón en el alma, el alma en el espíritu, el espíritu en el cuerpo.

47. El espíritu se difunde por las venas, las arterias y la sangre, mueve a la criatura viviente y la transporta de cierta manera.

48. Por lo cual algunos han creído que el alma es sangre, engañados en la naturaleza, sin saber que primero el espíritu debe volver al alma, y luego la sangre se coagula, las venas y arterias se vacían, y entonces la criatura viviente muere. Y ésta es la muerte del cuerpo.

49. Todas las cosas dependen de un principio, y el principio depende de aquello que es uno y único.

50. Y el principio es movido para que vuelva a ser principio, pero lo que es uno permanece y no es movido.

51. Por tanto, estos tres son: Dios Padre y el Bien, el Mundo y el Hombre. Dios tiene al Mundo, y el Mundo tiene al Hombre; y el Mundo es el Hijo de Dios, y el Hombre como la Descendencia del Mundo.

52. Dios no ignora al hombre, sino que lo conoce perfectamente y será conocido por él. Sólo esto es saludable para el hombre: el conocimiento de Dios. Este es el retorno del Olimpo; sólo por esto el alma se hace buena, y no a veces buena y a veces mala, sino necesariamente buena.

53. ¿Qué quieres decir, oh Padre?

54. Considera, oh hijo, el alma de un niño, cuando todavía no ha recibido la disolución de su cuerpo, que aún no ha crecido sino que es muy pequeño. Cómo entonces si se mira a sí mismo se ve hermoso, como no habiéndose manchado todavía con las pasiones del cuerpo, sino como dependiendo todavía del alma del mundo.

55. Pero cuando el cuerpo ha crecido y distrae, el alma engendra el olvido y no participa más de lo hermoso y de lo bueno. Y el olvido es maldad.

56. Lo mismo sucede también a los que salen del cuerpo: cuando el alma corre de vuelta a sí misma, el espíritu se contrae en la sangre y el alma en el espíritu. Pero la mente siendo hecha pura y libre de estos ropajes, y siendo divina por naturaleza, tomando un cuerpo ardiente brama por todas partes, dejando al alma al juicio y al castigo que ha merecido.

57. ¿Por qué dices así, oh Padre, que la mente está separada del alma, y el alma del espíritu? Cuando hasta ahora decías que el alma era el vestido de la mente, y el cuerpo del alma.

58. Oh hijo, el que oye debe comprender y conspirar en pensamiento con el que habla. Debe tener su oído más rápido y agudo que la voz del que habla.

59. La disposición de estas vestiduras o cubiertas se hace en un cuerpo terrenal. Es imposible que la mente se establezca desnuda y por sí misma en un cuerpo terrenal, ni el cuerpo terrenal es capaz de soportar tal inmortalidad. Por eso, para que pueda sufrir tan gran virtud, la mente se

compactó y tomó para sí el cuerpo pasible del alma, como una cubierta o vestidura.

60. Por lo tanto, cuando la mente se separa y se aparta del cuerpo terrenal, en seguida se pone su capa ardiente, lo que no podría hacer teniendo que morar en un cuerpo terrenal.

61. Porque la tierra no puede sufrir el fuego, pues toda ella está quemada de una pequeña chispa. Por eso el agua se vierte alrededor de la tierra, como un muro o defensa, para resistir la llama del fuego.

62. Pero la mente, siendo la más aguda o rápida de todas las cogitaciones divinas, y más rápida que todos los elementos, tiene el fuego por su cuerpo.

63. La mente que es el obrero de todo usa el fuego como su instrumento en su obra, y el que es el obrero de todo lo usa para hacer todas las cosas, como es usado por el hombre para hacer cosas terrenales solamente. Porque la mente que está sobre la tierra, vacía o desnuda de fuego, no puede hacer los negocios de los hombres ni lo que es de otra manera los asuntos de Dios.

64. Pero el alma del hombre, y sin embargo no toda sino la que es piadosa y religiosa, es angélica y divina. Y tal alma, después de haber partido del cuerpo, habiendo luchado en la lucha de la piedad, se convierte en mente o en Dios.

65. Y la lucha de la piedad es conocer a Dios y no dañar a ningún hombre. Y de esta manera se convierte en mente.

66. Pero un alma impía permanece en su propia esencia, castigada por sí misma, y buscando un cuerpo terrenal y humano en el que entrar.

67. Porque ningún otro cuerpo es capaz de un alma humana, ni es lícito que el alma de un hombre caiga en el cuerpo de una cosa viviente irrazonable. Es la ley o decreto de Dios preservar un alma humana de tan grande contumelia y reproche.

68. ¿Cómo, pues, es castigada el alma del hombre, oh Padre? ¿Y cuál es su mayor tormento?

69. La impiedad, oh hijo mío, pues ¿qué fuego tiene una llama tan grande como ella? O qué bestia mordedora desgarra tanto el cuerpo como ella el alma.

70. ¿No ves cuántos males sufre el alma perversa, rugiendo y gritando: me queman, me consumen, no sé qué decir ni qué hacer, me devoran, infeliz, los males que me rodean y me atenazan? Miserable que soy, no veo ni oigo nada.

71. Estas son las voces de un alma castigada y atormentada, y no otras tantas. Y tú, oh hijo, piensas que el alma saliendo del cuerpo se embrutece o entra en una bestia, lo cual es un error muy grande para el alma castigada de esta manera.

72. Porque la mente, cuando se le ordena obtener un cuerpo ardiente para los servicios de Dios, al descender al alma perversa la atormenta con los látigos de los pecados, con los que el alma perversa, al ser azotada, se convierte en

asesinatos, contumelios, blasfemias y diversas violencias por las que los hombres son perjudicados.

73. Pero en un alma piadosa, la mente entrando la conduce a la luz del conocimiento.

74. Y tal alma nunca está satisfecha con cantar alabanzas a Dios y hablar bien de todos los hombres, y tanto en palabras como en obras, siempre haciendo el bien a imitación de su Padre.

75. Por lo tanto, oh hijo, debemos dar gracias y orar para que podamos obtener una buena mente.

76. El alma puede ser alterada o cambiada para mejor, pero es imposible que cambie para peor.

77. Hay una comunión de almas: las de los dioses se comunican con las de los hombres, y las de los hombres con las de las bestias.

78. Los mejores siempre toman de los peores: dioses de hombres, hombres de bestias brutas, pero Dios de todos, porque él es el mejor de todos y todas las cosas son menos que él.

79. Por eso el mundo está sujeto a Dios, el hombre al mundo y las cosas irrazonables al hombre.

80. Pero Dios está por encima de todo y sobre todo. Los rayos de Dios son las operaciones, los rayos del mundo son las naturalezas, y los rayos del hombre son las artes y las ciencias.

81. Las operaciones actúan por el mundo y sobre el hombre por los haces naturales del mundo, las naturalezas obran por los elementos, y el hombre por las artes y las ciencias.

82. Y este es el gobierno del todo, dependiendo de la naturaleza del Uno y atravesando o descendiendo por la mente una, que nada es más divino, más eficaz u operativo, más unificador o más uno. La comunión de los dioses con los hombres y de los hombres con Dios.

83. ¡Este es el buen genio o buen demonio, bendita alma que está llena de él, e infeliz alma que está vacía de él!

84. ¿Y por qué, Padre?

85. Has de saber, hijo, que toda alma tiene la buena mente, pues de eso es de lo que ahora hablamos, y no de aquel ministro del que antes dijimos que fue enviado del juicio.

86. Porque el alma sin la mente no puede hacer ni decir nada, porque muchas veces la mente vuela lejos del alma, y en esa hora el alma ni ve ni oye, sino que es como una cosa irrazonable. Tan grande es el poder de la mente.

87. Pero tampoco admite un alma ociosa o perezosa, sino que la deja sujeta al cuerpo y presionada hacia abajo por él.

88. Y tal alma, oh hijo, no tiene mente, por lo que tampoco debe ser llamada hombre.

HERMES TRISMEGISTO

89. Porque el hombre es un ser viviente divino y no debe ser comparado con ninguna bestia bruta que vive en la tierra, sino con los que están arriba en el cielo, que son llamados dioses.

90. Más bien, si nos atrevemos a decir la verdad, el que es un hombre en verdad está por encima de ellos o al menos es igual en poder a ellos. Pues ninguna de las cosas del cielo bajará a la tierra y dejará los límites del cielo, pero un hombre asciende al cielo y lo mide.

91. Y él sabe qué cosas están en lo alto y qué abajo, y aprende todas las demás cosas con exactitud.

92. Y lo que es lo más grande de todo, no deja la tierra y sin embargo está arriba. Tan grande es la grandeza de su naturaleza.

93. Por lo cual debemos atrevernos a decir que un hombre terrenal es un dios mortal, y que el dios celestial es un hombre inmortal.

94. Por lo tanto, por estos dos son todas las cosas gobernadas: el mundo y el hombre. Pero ellos y todas las cosas provienen de lo que es Uno.

Libro 5

Dios es inmanifiesto y al mismo tiempo, supremamente manifiesto.

1. Tat, te hablaré de este tema para que no desconozcas el Nombre supremo de Dios.

2. Observa en tu mente cómo aquello que para muchos parece oculto e invisible, puede ser muy evidente para ti.

3. Si fuera visible, no sería todo, pues lo visible es creado o generado; se hizo visible, pero lo invisible siempre existe.

4. No necesita ser revelado, pues es eterno.

5. Hace visibles todas las cosas, siendo él mismo invisible, siendo eterno y manifestando todo lo demás.

6. Él mismo no es creado, pero en la imaginación da forma a todo, o en apariencia las hace visibles, pues la apariencia sólo pertenece a lo generado o creado.

7. Pero él es Uno, no creado ni generado, invisible e inmanifestado.

8. Al hacer que todo aparezca, él se revela en todas las cosas; especialmente se manifiesta en aquello donde elige aparecer.

9. Tú, Tat, hijo mío, ruega primero al Señor y Padre, al Único, que sea misericordioso contigo, para que puedas conocer y comprender a este gran Dios, y para que ilumine tu entendimiento con uno de sus rayos.

10. Sólo el entendimiento percibe lo inmanifestado e invisible, siendo él mismo invisible; si puedes, Tat, se revelará a los ojos de tu mente.

11. El Señor, libre de envidia, se muestra en todo el universo. Puedes percibir la inteligencia y aprehenderla, y contemplar la imagen de Dios.

12. Pero si no conoces o percibes lo que hay en ti, ¿cómo podrás verlo en tus ojos?

13. Si quieres verlo, contempla el Sol, observa el curso de la Luna, considera el orden de las estrellas.

14. Todo orden está delimitado en número y lugar.

15. El Sol, el mayor de los dioses celestes, al que todos los dioses ceden su lugar como a un rey y gobernante, siendo tan grande, mayor que la Tierra y el Mar, permite que incontables estrellas menores se muevan sobre él. ¿A quién teme entretanto, hijo mío?

16. Cada una de estas estrellas en el cielo no hace lo mismo, ni sigue el mismo curso. ¿Quién ha asignado a cada una la forma y magnitud de su trayectoria?

17. Esta Osa que gira sobre sí misma y arrastra consigo todo el cosmos, ¿quién posee y creó tal instrumento?

18. ¿Quién puso límites al mar? ¿Quién asentó la tierra? Pues hay alguien, Tat, que es el Hacedor y Señor de estas cosas.

19. Es imposible, hijo mío, que el lugar, el número o la medida puedan existir sin un Hacedor.

20. Ningún orden puede surgir del desorden o la desproporción.

21. Ojalá tuvieras alas, hijo mío, y volaras en el aire, elevándote entre el cielo y la tierra, para ver la estabilidad de la tierra, la fluidez del mar, el curso de los ríos, la

inmensidad del aire, la velocidad del fuego, el movimiento de las estrellas y la rapidez del cielo que gira alrededor de todo.

22. Qué feliz visión sería, hijo mío, ver en un instante todo esto: lo inmóvil en movimiento y lo oculto revelado.

23. Y si quieres ver y contemplar a este Artífice, incluso en las cosas mortales de la Tierra y en las profundidades, observa: ¿quién revistió la carne con piel? ¿Quién separó los dedos y las articulaciones? ¿Quién extendió las plantas de los pies? ¿Quién perforó los poros? ¿Quién creó el bazo? ¿Quién hizo el corazón como una pirámide? ¿Quién ensanchó el hígado? ¿Quién hizo los párpados porosos y perforados? ¿Quién formó el vientre amplio y espacioso? ¿Quién expuso las partes honorables y ocultó las desagradables?

24. Observa cuántas artes en una sola materia, cuántas obras en una sola inscripción, todas extremadamente bellas, todas perfectamente proporcionadas, y sin embargo todas diferentes.

25. ¿Quién hizo todas estas cosas? ¿Qué madre, qué padre, sino el Dios invisible que creó todo por su propia voluntad?

26. Nadie diría que una estatua o una imagen se hace sin un escultor o un pintor. ¿Y esta obra se hizo sin un artífice? Oh, gran ceguera, oh gran impiedad, oh gran ignorancia.

27. Nunca, hijo Tat, podrás privar a la obra de su artífice; más bien, el mejor nombre de todos los nombres de

Dios es llamarlo Padre de todo, porque eso es lo que es; y esta es su obra: ser el Padre.

28. Y si me obligas a decir algo más audaz, su esencia es estar preñado de todas las cosas y crearlas.

29. Y así como sin un Hacedor es imposible que algo se haga, así es imposible que Él no exista siempre, creando todas las cosas en el cielo, en el aire, en la tierra, en las profundidades, en todo el universo y en cada parte de él, existente o no existente.

30. Porque no hay nada en todo el universo que no sea Él, tanto las cosas que son como las que no son.

31. Porque lo que es, lo ha manifestado; y lo que no es, lo ha ocultado en sí mismo.

32. Este es Dios, mejor que cualquier nombre; este es el oculto; este es el más manifiesto; este es el que debe ser percibido por la mente; este es el visible al ojo; este es el incorpóreo; este es el que tiene muchos cuerpos, o más bien no hay cuerpo que no sea Él.

33. Porque sólo Él es todas las cosas.

34. Y por eso tiene todos los nombres, porque es el Padre único; y por eso no tiene nombre, porque es el Padre de todo.

35. ¿Quién, pues, puede bendecirte o darte gracias por ti o a ti?

36. ¿Hacia dónde miraré cuando te alabe? ¿Hacia arriba, hacia abajo, hacia afuera, hacia adentro?

37. Porque no hay manera, ni lugar, ni otra cosa entre todas las cosas que son, acerca de ti.

38. Todo está en ti; todo procede de ti; todo lo das y nada recibes, pues todo lo tienes y no hay nada que no tengas.

39. ¿Cuándo te alabaré, oh Padre? Pues no es posible comprender tu hora ni tu tiempo.

40. ¿Por qué te alabaré? ¿Por lo que has creado o por lo que no has creado? ¿Por lo que has manifestado o por lo que has ocultado?

41. ¿Por qué te alabaré como si fueras mío, o yo tuviera algo, o fuera de otro?

42. Porque tú eres lo que yo soy, tú eres lo que yo hago, tú eres lo que yo digo.

43. Tú eres todas las cosas, y no hay nada más que Tú no seas.

44. Tú eres Tú, todo lo que es creado y todo lo que no es creado.

45. La Mente que comprende.

46. El Padre que crea y engendra.

47. El Bien que actúa.

48. El Bien que todo lo hace.

49. De la Materia, la parte más sutil es el Aire; del Aire, el Alma; del Alma, la Mente; de la Mente, Dios.

Libro 6

Que sólo en Dios está el Bien

1. Asclepio, el Bien sólo se encuentra en Dios, o mejor dicho, Dios mismo es el Bien eterno.

2. Si esto es así, el Bien debe ser una Esencia o Sustancia inmóvil y eterna, que no carece de nada y lo contiene todo en plenitud.

3. Esta Esencia posee una Operación estable y firme, completa en sí misma, que da en abundancia sin agotarse nunca.

4. Dios es el Principio de todas las cosas porque las crea todas. Cuando hablo del Bien, me refiero a aquello que es todo y siempre Bueno.

5. Este Bien sólo está presente en Dios, ya que a Él nada le falta ni desea, y nada puede perder que lo entristezca, pues la tristeza es parte del mal.

6. Nada es más fuerte que Dios para oponérsele, ni igual a Él para que lo ame; no hay nada desconocido que lo enoje, ni nada más sabio que envidie.

7. Si nada de esto existe en la Esencia de Dios, ¿qué queda sino sólo el Bien?

8. Así como en esta Esencia no hay mal alguno, tampoco se hallará el Bien en ninguna otra cosa.

9. En todo lo demás, tanto en lo grande como en lo pequeño, en lo individual y en la mayor Criatura viviente, están presentes todas las otras cosas.

10. Las cosas creadas están llenas de Pasión, siendo la Generación misma una Pasión. Donde hay Pasión no está el Bien, y donde está el Bien no hay Pasión. No pueden coexistir, como el día y la noche.

11. Por eso es imposible que el Bien esté en la Generación, sólo en lo no generado ni creado.

12. Pero así como todo participa de la materia, también participa en cierta medida del Bien. Así, el Mundo es bueno porque crea todas las cosas, pero en todo lo demás no lo es.

13. Porque el Mundo es pasible, mutable y creador de cosas pasibles.

14. En el Hombre, el Bien se define en comparación con el mal. Lo que no es muy malo aquí se considera bueno, pero este Bien es sólo una pequeña parte en medio del mal.

15. Aquí es imposible que el Bien esté libre del Mal. Al crecer el Mal, el Bien ya no permanece y se transforma en Mal.

16. Sólo en Dios se encuentra el Bien puro, o mejor dicho, Dios es el Bien mismo.

17. Asclepio, entre los hombres sólo existe el nombre del bien, pero no la realidad, porque es imposible que un cuerpo material, rodeado y limitado por el mal, los

sufrimientos, dolores, deseos, ira, engaños y opiniones necias, contenga el verdadero Bien.

18. Lo peor de todo, Asclepio, es que aquí se cree que las cosas antes mencionadas son el mayor bien, especialmente el placer, que es el peor de los males. La ausencia del Bien aquí es el Error.

19. Doy gracias a Dios por haberme dado la certeza de que es imposible que el Bien esté en este Mundo.

20. Porque el Mundo está lleno de maldad, pero Dios es la plenitud del Bien.

21. Las manifestaciones de la Belleza verdadera son más puras y sinceras en la Esencia divina, y quizás constituyan la Esencia misma de Dios.

22. Debemos atrevernos a decir, Asclepio, que si Dios tiene una Esencia, ésta es la Belleza. Pero en este Mundo no se encuentra el verdadero Bien.

23. Todas las cosas visibles son ídolos y sombras, pero las cosas invisibles son eternas, especialmente la Esencia de la Belleza y el Bien.

24. Así como el ojo no puede ver a Dios, tampoco puede ver lo Justo y lo Bueno.

25. Éstas son las partes de Dios que comparten la naturaleza del todo, propias y familiares sólo a Él, inseparables y sumamente hermosas. Dios está enamorado de ellas, o ellas están enamoradas de Dios.

26. Si puedes comprender a Dios, comprenderás la Belleza y el Bien que resplandecen e iluminan, siendo iluminados por Dios.

27. Esta Belleza está más allá de toda comparación, y este Bien es inimitable, como Dios mismo.

28. Así como entiendes a Dios, así debes entender la Belleza y el Bien, pues son inseparables de Él e incomunicables a cualquier otra criatura viviente.

29. Si buscas a Dios, busca también lo Justo, pues hay un camino que conduce a ambos: la Piedad con el Conocimiento.

30. Los ignorantes que no siguen el camino de la Piedad se atreven a llamar al Hombre justo y bueno, sin siquiera soñar con lo que es el Bien. Envueltos en el mal, creen que el mal es el Bien, lo usan insaciablemente y temen perderlo, esforzándose por tenerlo y aumentarlo.

31. Tales son, Asclepio, las cosas que los hombres llaman Buenas y Bellas, que no podemos ni amar ni odiar, pues es lo más difícil necesitarlas y no poder vivir sin ellas.

Libro 7

1. Tat: Padre, cuando hablaste de la Divinidad en los discursos generales, lo hiciste de forma enigmática y no te revelaste claramente. Dijiste que nadie puede alcanzar la salvación antes de la Regeneración.

2. Y cuando te supliqué humildemente al subir a la Montaña, después de que me habías enseñado y teniendo un gran deseo de aprender sobre la Regeneración, porque es lo único que desconozco, me dijiste que me lo enseñarías cuando me alejara del Mundo. Con esto, me preparé y he fortalecido mi entendimiento del engaño del Mundo.

3. Ahora, por favor, completa mi conocimiento y enséñame sobre la Regeneración, ya sea de palabra o en secreto. No sé, oh Trismegisto, de qué Sustancia, Vientre o Semilla nace un Hombre de esta manera.

4. Hermes: Oh Hijo, esta Sabiduría debe ser comprendida en silencio, y la Semilla es el verdadero Bien.

5. Tat: ¿Quién siembra esta Semilla, oh Padre? Soy completamente ignorante y tengo dudas al respecto.

6. Hermes: La Voluntad de Dios, oh Hijo.

7. Tat: ¿Y qué clase de Hombre nace de esta forma? En este punto, me siento desprovisto de la Esencia que entiendo en mí.

8. Hermes: El Hijo de Dios será otro Dios, quien hizo el universo y que consiste en todos los poderes.

9. Tat: Me hablas en enigmas, Padre, y no como un Padre a su Hijo.

10. Hermes: Hijo, estas cosas no se enseñan, sino que Dios las trae a la memoria cuando Él quiere.

11. Tat: Hablas de cosas forzadas, rebuscadas e imposibles, Padre. Por eso voy a contradecirte directamente.

12. Hermes: Te volverás un extraño, Hijo, a la clase de tu Padre.

13. Tat: No me envidies, Padre, ni me excluyas. Soy tu Hijo Natural. Háblame de la manera de la Regeneración.

14. Hermes: ¿Qué puedo decir, oh Hijo mío? No tengo nada más que decir excepto que veo en mí una visión verdadera, hecha por la misericordia de Dios. He salido de mí mismo hacia un cuerpo inmortal, y ya no soy lo que era antes, sino que he sido engendrado en la Mente.

15. Esto no se enseña ni se ve en este Elemento formado. Por lo cual, descuidé la primera forma compuesta. Ahora estoy separado de ella, aunque tengo su tacto y medida, pero estoy alejado de ellos.

16. Tú me ves, oh Hijo, con tus ojos. Pero aunque me mires fijamente con el Cuerpo y la vista corporal, no puedes ver ni comprender lo que soy ahora.

17. Tat: Me has llevado, oh Padre, a sentir no poca furia y distracción mental, pues ahora no me veo a mí mismo.

18. Hermes: Desearía, oh Hijo, que tú también salieras de ti mismo, como los que sueñan mientras duermen.

19. Tat: Entonces dime, ¿quién es el Autor y Hacedor de la Regeneración?

20. Hermes: El hijo de Dios, un Hombre por la Voluntad de Dios.

21. Tat: Ahora, oh Padre, me has hecho callar para siempre. Todos mis antiguos pensamientos me han abandonado, pues veo la grandeza y la forma de todas las cosas de aquí abajo, y nada más que falsedad en todas ellas.

22. Y puesto que esta Forma mortal cambia diariamente, y se convierte por el tiempo en aumento y disminución, siendo falsedad, ¿qué es entonces verdadero, oh Trismegisto?

23. Trismegisto: Aquello, oh Hijo, que no está turbado ni limitado; no coloreado, no figurado, no cambiado; aquello que está desnudo, brillante, comprensible sólo por sí mismo, inalterable, incorpóreo.

24. Tat: Ahora sí que estoy loco, Padre. Pues cuando creía que me habías hecho sabio, con estos pensamientos me has embotado todos los sentidos.

25. Hermes: Sin embargo es así, como digo, Oh Hijo. Aquel que sólo mira lo que es llevado hacia arriba como Fuego, lo que es llevado hacia abajo como Tierra, lo que es húmedo como Agua, y lo que sopla como Aire, ¿cómo puede entender sensiblemente lo que no es duro, ni húmedo, ni tangible, ni perspicuo, ya que sólo es entendido en poder y operación? Pero suplico y ruego a la Mente, que es la única que puede entender la Generación que está en Dios.

26. Tat: Entonces soy, oh Padre, completamente incapaz de hacerlo.

27. Hermes: Dios no lo quiera, Hijo. Más bien, atráelo hacia ti (o esfuérzate por Conocerlo) y vendrá. Sólo ten Voluntad y se hará. Aquieta (o haz ociosos) los Sentidos del Cuerpo, purificándote de los irrazonables tormentos brutos de la materia.

28. Tat: ¿Tengo en mí algún vengador o atormentador, Padre?

29. Hermes: Sí, y no pocos, sino muchos y temibles.

30. Tat: No los conozco, padre.

31. Hermes: Un Tormento, Hijo, es la Ignorancia; un segundo, la Pena; un tercero, la Intemperancia; un cuarto, la Concupiscencia; un quinto, la Injusticia; un sexto, la Codicia; un séptimo, el Engaño; un octavo, la Envidia; un noveno, el Fraude o la Astucia; un décimo, la Ira; un undécimo, la Temeridad; un duodécimo, la Malicia.

32. Son en número doce, y debajo de éstos hay muchos más. Algunos que, a través de la prisión del cuerpo, obligan al Hombre interior a sufrir sensiblemente.

33. Y no se apartan repentina ni fácilmente de aquel que ha obtenido la misericordia de Dios. En esto consiste tanto la manera como la razón de la Regeneración.

34. Por lo demás, oh Hijo, calla y alaba a Dios en silencio, y así no cesará ni nos faltará la misericordia de Dios.

35. Por lo tanto, alégrate, Hijo mío. De ahora en adelante, siendo purificado por los poderes de Dios, llegarás al Conocimiento de la Verdad.

36. La revelación de Dios ha venido a nosotros, y cuando eso ocurrió, toda Ignorancia fue expulsada.

37. El conocimiento de la Alegría ha llegado a nosotros, y cuando eso suceda, la Tristeza volará lejos para aquellos que sean capaces de ello.

38. Llamo a la Alegría el poder de la Templanza, un poder cuya Virtud es dulcísima. Tomémosla para nosotros, oh Hijo, de muy buena gana, pues con su venida ha alejado la Intemperancia.

39. Ahora llamo a la cuarta, Continencia, el poder que está sobre la Concupiscencia. Ésta, oh Hijo, es el fundamento estable y firme de la Justicia.

40. Mira cómo, sin trabajo, ella ha ahuyentado la injusticia y somos justificados, oh Hijo, cuando la Injusticia se aleja.

41. La sexta Virtud que entra en nosotros la llamo Comunión, que se opone a la Codicia.

42. Y cuando ésta (la Codicia) desaparece, la llamo Verdad. Cuando ella llega, desaparecen el Error y el Engaño.

43. Mira, oh Hijo, cómo el Bien se cumple por el acceso de la Verdad, porque por este medio la Envidia

desaparece de nosotros. La Verdad va acompañada del Bien, junto también con la Vida y la Luz.

44. Y no vino más ningún tormento de las Tinieblas, sino que, siendo vencidas, todas huyeron repentina y tumultuosamente.

45. Tú has comprendido, Oh Hijo, la manera de la Regeneración. Al venir estos Diez, la Generación Intelectual se perfecciona y entonces expulsa a los doce. Lo hemos visto en la Generación misma.

46. Por lo tanto, quienquiera que haya obtenido por Misericordia esta Generación que es según Dios, abandonando todo sentido corporal, sabe que consiste en cosas divinas y se regocija, siendo hecho por Dios estable e inmutable.

47. Tat: Oh Padre, yo concibo y entiendo, no por la vista de mis ojos, sino por la Operación Intelectual, que es por las Potencias. Estoy en el Cielo, en la Tierra, en el Agua, en el Aire, estoy en las Criaturas vivientes, en las Plantas, en el Vientre, en todas partes.

48. Sin embargo, dime una cosa más: ¿Cómo son los tormentos de la Oscuridad, siendo en número Doce, alejados y expulsados por los Diez poderes? ¿Cuál es la manera de ello, Trismegisto?

49. Hermes: Este Tabernáculo, oh Hijo, consiste en el Círculo Zodiacal, y éste consta de doce números, la Idea de uno. Pero toda la Naturaleza formada admite diversas Conjugaciones para engaño del Hombre.

50. Y aunque son diferentes en sí mismas, sin embargo están unidas en la práctica (como por ejemplo, la Temeridad es inseparable de la Ira) y también son indeterminadas. Por lo tanto, con buena Razón, se marchan al ser alejados por los Diez poderes, es decir, por los muertos.

51. Pues el número de Diez, Oh Hijo, es el Iniciador de las Almas. Y allí la Vida y la Luz se unen, donde el número de la Unidad nace del Espíritu.

52. Por lo tanto, de acuerdo con la Razón, la Unidad baña el número de Diez, y el número de Diez tiene Unidad.

53. Tat: Oh Padre, ahora veo el Universo y a mí mismo en la Mente.

54. Hermes: Esto es Regeneración, Oh Hijo, que no fijemos más nuestra imaginación en este Cuerpo, sujeto a las tres dimensiones, según este Discurso que ahora hemos comentado. Que no calumniemos en absoluto al Universo.

55. Tat: Dime, oh Padre, ¿este Cuerpo que consiste en Poderes admitirá alguna vez Disolución?

56. Hermes: Buenas palabras, Hijo, no digas cosas imposibles, porque así pecarás y el ojo de tu mente se volverá perverso.

57. El Cuerpo sensible de la Naturaleza está lejos de la Generación Esencial, porque aquél está sujeto a Disolución, pero ésta no; y aquél es mortal, pero ésta inmortal. ¿Acaso no sabes que has nacido Dios e Hijo del Uno, como lo soy yo?

58. Tat: Cuánto me gustaría, oh Padre, oír esa alabanza dada por un Himno que dijiste haber oído de los Poderes cuando estabas en el Octonario.

59. Hermes: Como dijo Poimandres a modo de Oráculo al Octonario: Haces bien, oh Hijo, en desear la Solución del Tabernáculo, pues estás purificado.

60. Poimandres, la Mente de absoluto Poder y Autoridad, no me ha entregado más que lo que está escrito, sabiendo que por mí mismo puedo entender todas las cosas, oír y ver lo que quiera. Y me ordenó hacer aquellas cosas que son buenas. Por lo tanto, todos los Poderes que están en mí cantan.

61. Tat: Quisiera oírte, oh Padre, y entender estas cosas.

62. Hermes: Calla, oh Hijo, y escucha ahora esa armoniosa bendición y acción de gracias: el himno de la Regeneración, del que no determiné haber hablado tan claramente, sino a ti mismo al final de todo.

63. Por lo cual, esto no se enseña, sino que se oculta en el silencio.

64. Así pues, oh Hijo, adora de pie al aire libre, mirando al Viento del Norte cuando se pone el Sol, y al Sur cuando sale el Sol. Y ahora guarda silencio, Hijo.

El Canto Secreto. El Discurso Sagrado.

65. Que toda la Naturaleza del mundo se detenga a escuchar este Himno.

66. Ábrete, oh Tierra, y que se revele todo el Tesoro de la Lluvia.

67. Árboles, no se agiten, pues cantaré y alabaré al Señor de la Creación, al Todo y al Uno.

68. Ábrase el Cielo, deténganse los Vientos, y permitan que el Círculo Inmortal de Dios reciba estas palabras.

69. Cantaré y alabaré a aquel que creó todas las cosas, que estableció la Tierra, suspendió los Cielos y ordenó que el dulce Agua fluyera del Océano; en todo el Mundo habitado y deshabitado, para uso y sustento de todas las cosas y de los hombres.

70. Aquel que ordenó que el fuego brillara para la acción misma, tanto para los Dioses como para los Hombres.

71. Bendigamos todos a aquel que cabalga sobre los Cielos, al Creador de toda la Naturaleza.

72. Él es el Ojo de la Mente, y Aceptará la alabanza de mis Poderes.

73. Oh todas las Potencias que hay en mí, alaben al Uno y al Todo.

74. Canten junto con mi Voluntad, todas las Potencias que hay en mí.

75. Oh Santo Conocimiento, siendo iluminado por ti, magnifico la Luz inteligible y me regocijo en la Alegría de la Mente.

76. Todos mis Poderes cantan alabanzas conmigo, y tú, mi Continencia, canta alabanzas a mi Justicia; alaba lo que es justo.

77. Oh Comunión que estás en mí, alaba al Todo.

78. Por mí, la Verdad canta alabanzas a la Verdad, el Bien alaba al Bien.

79. Oh Vida, Oh Luz nuestra, a ti llega esta alabanza y acción de gracias.

80. Te agradezco, oh Padre, por la operación o acto de mis Poderes.

81. Te agradezco, oh Dios, por el poder de mis operaciones.

82. Por mí, tu Palabra te canta alabanzas, recibe por mí este sacrificio razonable (o verbal) en palabras.

83. Las potencias que hay en mí proclaman estas cosas, alaban al Todo, cumplen tu Voluntad; tu Voluntad y Consejo provienen de ti y retornan a ti.

84. Oh Todo, recibe un Sacrificio razonable de todas las cosas.

85. Oh Vida, salva todo lo que hay en nosotros: Oh Luz, ilumina, oh Dios Espíritu; pues la Mente guía o alimenta la Palabra; oh Obrero portador de Espíritu.

86. Tú eres Dios, tu Hombre te invoca estas cosas por el Fuego, por el Aire, por la Tierra, por el Agua, por el Espíritu, por tus Criaturas.

87. Desde la eternidad he encontrado (medios para) bendecirte y alabarte, y tengo lo que busco, pues descanso en tu Voluntad.

88. Tat. Oh Padre, veo que has entonado este Canto de alabanza y bendición con toda tu Voluntad; y por eso lo he puesto y colocado en mi Mundo.

89. Hermes. Di en tu Mundo inteligible, oh Hijo.

90. Tat. Quiero decir en mi Mundo Inteligible, pues por tu Himno y Canto de Alabanza mi mente está iluminada: y con gusto enviaría desde mi Entendimiento una Acción de Gracias a Dios.

91. Hermes. No te precipites, oh Hijo.

92. Tat. En mi mente, oh Padre.

93. Hermes. Aquellas cosas que veo y contemplo, las infundo en ti; y por eso di, tú hijo Tat, el Autor de tus Generaciones sucesivas, envío a Dios estos Sacrificios razonables.

94. Oh Dios, Tú eres el Padre, Tú eres el Señor, Tú eres la Mente, acepta estos Sacrificios razonables que Tú requieres de Mí.

95. Pues todas las cosas se hacen como la Mente quiere.

96. Tú, oh Hijo, envía este Sacrificio aceptable a Dios, Padre de todas las cosas; pero ofrécelo también, oh Hijo, por la Palabra.

97. Tat. Te agradezco, Padre, que me hayas aconsejado e instruido así para dar alabanzas y gracias.

98. Hermes. Me alegra, oh Hijo, ver que la Verdad produce los Frutos de las cosas Buenas, y tales ramas inmortales.

99. Y aprende esto de mí: Sobre todas las demás virtudes guarda Silencio, y no impartas a nadie, oh Hijo, la tradición de la Regeneración, no sea que seamos considerados Calumniadores; Pues ambos hemos meditado ahora suficientemente, yo hablando, tú escuchando. Y ahora te conoces intelectualmente a ti mismo y a nuestro Padre.

Libro 8

Que el mayor mal del hombre es no conocer a Dios

1. Oh humanos, ¿a dónde os lleva vuestra embriaguez causada por el fuerte vino de la ignorancia? ¿Por qué no lo expulsáis de vuestro interior?

2. Levantaos, recobrad la sobriedad y mirad hacia arriba con los ojos de vuestro corazón. Si no todos podéis hacerlo, al menos intentadlo aquellos que seáis capaces.

3. La maldad de la Ignorancia envuelve toda la Tierra y daña al Alma aprisionada en el Cuerpo, impidiéndole alcanzar los Puertos de la Salvación.

4. No os dejéis arrastrar por la fuerte corriente; resistid la marea, vosotros que podéis aferraros al Refugio de la Seguridad, y dirigid vuestro rumbo hacia él.

5. Buscad a alguien que os guíe y os lleve hasta la puerta de la Verdad y el Conocimiento, donde brilla la Luz clara y pura, libre de Oscuridad. Allí nadie está embriagado, sino que todos son sobrios y en su corazón contemplan a aquel cuyo deleite es ser visto.

6. Porque no puede ser percibido con los oídos, ni visto con los ojos, ni descrito con palabras, sino únicamente comprendido con la mente y el corazón.

7. Pero antes debes despedazar y romper la vestimenta que llevas puesta: la red de la Ignorancia, cimiento de toda Maldad; el lazo de la Corrupción; el Manto oscuro; la Muerte viviente; el Cadáver sensible, el Sepulcro que llevamos con nosotros; el Ladrón interno que, mientras nos ama, nos odia y nos envidia.

8. Esa es la dolorosa Vestidura que te cubre y te arrastra hacia abajo por sí misma, para que no puedas, al mirar hacia arriba y ver la belleza de la Verdad y el Bien que en ella reside, aborrecer la maldad de esa vestidura y comprender las trampas y emboscadas que te tiende.

9. Por lo tanto, se esfuerza en hacer atractivas aquellas cosas que, a través de los sentidos, parecen buenas y son juzgadas y determinadas como tales. Pero las cosas que son

verdaderas las oculta y las envuelve en tal materia, llenando lo que te presenta con un placer odioso, de modo que no puedas oír lo que deberías oír, ni ver lo que deberías ver.

Libro 9

Sermón universal a Asclepio[2]

1. Hermes: Asclepio, ¿no es cierto que todo lo que se mueve, lo hace dentro de algo y por causa de algo?

2. Asclepio: Sí, así es.

3. Hermes: ¿No es necesario que aquello en lo que algo se mueve sea más grande que lo que se está moviendo?

4. Asclepio: Es necesario que así sea.

5. Hermes: ¿Y lo que causa el movimiento no debe ser más fuerte que lo que es movido?

6. Asclepio: Debe ser más fuerte, en efecto.

---

[2] Asclepio (también conocido como Esculapio en la mitología romana) es presentado como un discípulo de Hermes Trismegisto, junto con Tat y Ammón. Asclepio es una figura histórica y mitológica conocida principalmente como el dios griego de la medicina y la curación. Sin embargo, dentro de los textos herméticos, Asclepio desempeña un papel más amplio como receptor de las enseñanzas de Hermes, centradas no solo en la salud física sino también en la sanación y evolución espiritual del ser humano.

7. Hermes: ¿No es preciso que aquello en lo que las cosas se mueven tenga una naturaleza opuesta a la de las cosas que se mueven?

8. Asclepio: Así debe ser.

9. Hermes: ¿No es este gran mundo un cuerpo, el más grande de todos?

10. Asclepio: Ciertamente lo es.

11. Hermes: Y es un cuerpo sólido, lleno de muchos otros grandes cuerpos, de hecho, conteniendo todos los cuerpos que existen.

12. Asclepio: Así es.

13. Hermes: Y el mundo es un cuerpo que se mueve, ¿no es así?

14. Asclepio: Lo es.

15. Hermes: Entonces, ¿cómo debe ser el lugar en el que se mueve, y de qué naturaleza? ¿No tiene que ser mucho más grande, para permitir la continuidad del movimiento, y evitar que lo que se mueve se detenga o sea obstruido por falta de espacio?

16. Asclepio: Debe ser un lugar inmenso, Trismegisto, pero ¿de qué naturaleza?

17. Hermes: De una naturaleza contraria, Asclepio. Pero lo incorpóreo, ¿no es de naturaleza opuesta a lo corpóreo?

18. Asclepio: Evidentemente.

19. Hermes: Entonces el lugar es incorpóreo. Pero lo que es incorpóreo es algo divino o Dios mismo. Y por divino no me refiero a algo creado o engendrado.

20. Si es divino, es una esencia o sustancia; pero si es Dios, está más allá de la esencia, aunque se puede entender de otra manera.

21. Dios es comprensible, no para sí mismo, sino para nosotros, porque lo que se puede comprender está sujeto a los sentidos del que comprende.

22. Dios no es comprensible para sí mismo, pues no siendo nada distinto de lo que se comprende, no puede comprenderse a sí mismo.

23. Pero Él es algo diferente para nosotros, por eso podemos comprenderlo.

24. Por lo tanto, si el lugar es inteligible, no es un lugar sino Dios. Pero si Dios es inteligible, no lo es como lugar, sino como poder capaz.

25. Todo lo que se mueve, se mueve no en o por lo que se mueve, sino en lo que permanece en reposo. Y lo que se mueve descansa o permanece, pues es imposible que se mueva junto con ello.

26. Asclepio: Entonces, Trismegisto, ¿cómo es que las cosas aquí se mueven junto con las cosas que las mueven? Pues dices que las esferas errantes son movidas por la esfera inmóvil.

27. Hermes: Eso, Asclepio, no es un movimiento conjunto, sino un contramovimiento. No se mueven de la misma manera, sino de manera opuesta entre sí. Y la oposición tiene una resistencia permanente al movimiento, pues la resistencia es una detención del movimiento.

28. Por lo tanto, las esferas errantes, al moverse en dirección contraria a la esfera inmóvil, tendrán una oposición permanente entre ellas mismas.

29. Ves esa Osa que no sube ni baja, sino que gira siempre sobre sí misma, ¿crees que se mueve o está quieta?

30. Asclepio: Creo que se mueve, Trismegisto.

31. Hermes: ¿Qué tipo de movimiento, Asclepio?

32. Asclepio: Un movimiento que siempre se realiza de la misma manera.

33. Pero la rotación alrededor de un mismo punto, y el movimiento en torno a ese mismo punto, ambos están limitados por la inmovilidad. Porque lo que está alrededor del centro impide que lo que está por encima de él se aleje de ese centro.

34. Así, el movimiento contrario se mantiene siempre estable, al ser establecido permanentemente por la oposición.

35. Te daré un ejemplo terrenal de esto, que puedes ver con tus propios ojos.

36. Observa a cualquier criatura viva aquí en la tierra, como un ser humano nadando. El agua fluye en una

dirección, pero la resistencia de sus pies y manos le permiten mantenerse a flote y no ser arrastrado con la corriente ni hundirse.

37. Asclepio: Has dado un ejemplo muy claro, Trismegisto.

38. Hermes: Por lo tanto, todo movimiento tiene lugar en la inmovilidad y es causado por la inmovilidad.

39. Así, el movimiento del mundo y de cada ser material no es causado por cosas externas al mundo, sino por cosas dentro de él, ya sea un alma, un espíritu u otra entidad incorpórea, y se dirige hacia las cosas externas.

40. Un cuerpo inanimado no mueve nada ahora, y mucho menos si está completamente inanimado.

41. Asclepio: ¿Qué quieres decir con esto, Trismegisto? ¿La madera, las piedras y todas las demás cosas inanimadas no son cuerpos en movimiento?

42. Hermes: De ninguna manera, Asclepio. Lo que está dentro del cuerpo y mueve la cosa inanimada no es un cuerpo, sino que mueve tanto el cuerpo que contiene como el que es contenido. Un cuerpo muerto o inanimado no puede mover a otro, pues lo que se mueve debe estar necesariamente vivo.

43. Ves entonces cuán cargada está el alma, llevando dos cuerpos.

44. Ahora es evidente que las cosas que se mueven, lo hacen en algo y por causa de algo.

45. Asclepio: Las cosas que existen, Trismegisto, deben moverse necesariamente en el vacío o en la nada.

46. Hermes: Ten cuidado, Asclepio, porque de todas las cosas que existen, ninguna está vacía. Sólo lo que no existe está vacío y es ajeno a la existencia.

47. Pero lo que existe no podría ser si no estuviera lleno de existencia, pues lo que existe en el ser nunca puede volverse vacío.

48. Asclepio: ¿No hay entonces algunas cosas vacías, Trismegisto, como una vasija vacía, un odre vacío, un pozo vacío, un tonel vacío y muchas cosas similares?

49. Hermes: ¡Oh, qué gran error, Asclepio! Las cosas que están más llenas y completas las consideras vacías e inútiles.

50. Asclepio: ¿A qué te refieres, Trismegisto?

51. Hermes: ¿No es el aire un cuerpo?

52. Asclepio: Sí, es un cuerpo.

53. Hermes: ¿Y este cuerpo no penetra a través de todas las cosas que existen, llenándolas al pasar por ellas? ¿Y no consiste este cuerpo en una mezcla de los cuatro elementos? Por lo tanto, todas las cosas que llamas vacías están llenas de aire.

54. Entonces, las cosas que llamas vacías deberías llamarlas huecas, no vacías, pues existen y están llenas de aire y espíritu.

55. Asclepio: Este razonamiento es irrefutable, Trismegisto. Pero ¿cómo llamaremos al lugar en el que se mueve todo el universo?

56. Hermes: Llámalo incorpóreo, Asclepio.

57. Asclepio: ¿Qué es lo incorpóreo?

58. Hermes: La Mente y la Razón, que abarca todo en sí misma, libre de todo cuerpo, inescrutable, invisible, inmutable en sí misma, capaz de comprender todas las cosas y favorecedora de los seres.

59. De ella emanan, como rayos, el Bien, la Verdad, la Luz Arquetípica, el Arquetipo del Alma.

60. Asclepio: ¿Qué es entonces Dios?

61. Hermes: Aquello que no es ninguna de estas cosas, pero es la causa de la existencia de todas y cada una de las cosas que son, pues no dejó nada sin existencia.

62. Todas las cosas están hechas de cosas que son, y no de cosas que no son, porque la naturaleza de las cosas que no son es no poder llegar a ser, mientras que la naturaleza de las cosas que son es no dejar nunca de ser.

63. Asclepio: ¿Qué dirías entonces finalmente que es Dios?

64. Hermes: Dios no es una mente, sino la causa de que exista la mente. No es un espíritu, sino la causa de que exista el espíritu. No es la luz, sino la causa de que exista la luz.

65. Por lo tanto, debemos adorar a Dios con estos dos nombres que sólo a Él pertenecen y a ningún otro.

66. Porque de todos los demás seres que son llamados dioses, ya sean hombres, demonios o ángeles, ninguno puede, ni siquiera en pequeña medida, ser bueno. Sólo Dios es bueno.

67. Y Él no es nada más que esto, mientras que todas las demás cosas están separadas de la naturaleza del Bien.

68. Pues el cuerpo y el alma no tienen lugar que sea capaz de contener el Bien.

69. Pues la grandeza del Bien es tan vasta como la existencia de todas las cosas, tanto corpóreas como incorpóreas, sensibles e inteligibles.

70. Esto es el Bien, esto es Dios.

71. Así que cuida de no llamar bueno a nada más, pues sería impío, ni llames dios a ningún otro sino sólo al Bien, pues también esto sería impío.

72. En el lenguaje, la palabra "bueno" es ciertamente usada por todos, pero no todos entienden lo que significa. Por ignorancia, llaman buenos a los dioses y a algunos hombres, que nunca pueden ser ni llegar a ser buenos.

73. Por esto, todos los demás dioses son honrados con el nombre y título de Dios, pero Dios es el Bien, no según el cielo, sino según la naturaleza.

74. Pues hay una sola naturaleza de Dios, que es el Bien, y un solo tipo de ambos, del cual derivan todos los tipos.

75. Porque el que es bueno es dador de todas las cosas y no recibe nada. Dios da todas las cosas y no recibe nada.

76. Por lo tanto, Dios es bueno, y el Bien es Dios. Su otro nombre es Padre, por ser el hacedor de todas las cosas, pues es propio de un padre crear.

77. Por esto, la mayor y más piadosa aspiración en la vida para los sabios y personas de buen juicio es engendrar hijos.

78. Así como la mayor desdicha e impiedad es para cualquiera marcharse de entre los hombres sin dejar descendencia. Tal hombre es castigado después de la muerte por los demonios. Y el castigo es este: el alma de ese hombre que no tuvo hijos es condenada a un cuerpo que no tiene la naturaleza ni de hombre ni de mujer, lo cual es una cosa maldita bajo el sol.

79. Por lo tanto, Asclepio, nunca felicites al hombre que no tiene hijos, sino más bien ten compasión de su desgracia, sabiendo qué castigo le espera.

80. Que te sean dichas tantas y tales cosas, Asclepio, como un cierto conocimiento previo de la naturaleza de todas las cosas.

Libro 10

La Mente (Poimandres) a Hermes

1. Hermes Trismegisto, no tardes en hablar y recuerda lo que se dice. Yo no me demoraré en decir lo que me venga a la mente, aunque muchos hayan dicho cosas diferentes sobre el Universo y el Bien, pues no he aprendido la Verdad.

2. Señor, acláramelo, pues sólo a ti te creeré cuando me muestres estas cosas.

3. La Mente explicó cómo es la situación.

4. Dios y todo.

5. Dios, la Eternidad, el Mundo, el Tiempo, la Generación.

6. Dios creó la Eternidad, la Eternidad al Mundo, el Mundo al Tiempo, y el Tiempo a la Generación.

7. De Dios provienen el Bien, la Justicia, la Felicidad y la Sabiduría.

8. De la Eternidad, la Identidad o Igualdad.

9. Del Mundo, el Orden.

10. Del Tiempo, el Cambio.

11. De la Generación, la vida y la muerte.

12. La Operación de Dios es la Mente y el Alma.

13. De la Eternidad, la Permanencia, la Duración y la Inmortalidad.

14. Del Mundo, la Restauración y la Decadencia o Destrucción.

15. Del Tiempo, el Aumento y la Disminución.

16. De la Generación, las Cualidades.

17. La Eternidad está en Dios.

18. El Mundo en la Eternidad.

19. El Tiempo en el Mundo.

20. La Generación en el Tiempo.

21. La Eternidad rodea a Dios.

22. El Mundo se mueve en la Eternidad.

23. El Tiempo está determinado en el Mundo.

24. La Generación ocurre en el Tiempo.

25. Dios es la Fuente y Origen de todas las cosas.

26. La Sustancia es la Eternidad.

27. La Materia es el Mundo.

28. El Poder de Dios es la Eternidad.

29. La Obra de la Eternidad es el Mundo aún no creado, pero siempre hecho por la Eternidad.

30. Nada será destruido, porque la Eternidad es incorruptible.

31. Nada puede perecer en el Mundo, pues está contenido y abrazado por la Eternidad.

32. La Sabiduría de Dios es el Bien, la Belleza, la Felicidad y toda Virtud, y la Eternidad.

33. La Eternidad puso la Inmortalidad y la Eternidad en la Materia, pues la Generación depende de la Eternidad, así como la Eternidad depende de Dios.

34. La Generación y el Tiempo, en el Cielo y en la Tierra, son de doble Naturaleza: en el Cielo son inmutables e incorruptibles, pero en la Tierra son mudables y corruptibles.

35. El Alma de la Eternidad es Dios, el Alma del Mundo es la Eternidad, y de la Tierra, el Cielo.

36. Dios está en la Mente, la Mente en el Alma, el Alma en la Materia, todas las cosas por la Eternidad.

37. Todo este Cuerpo Universal, que contiene todos los Cuerpos, está lleno de Alma, el Alma llena de Mente, y la Mente llena de Dios.

38. Él los llena por dentro y los envuelve por fuera, dando vida al Universo.

39. Fuera vivifica el Mundo perfecto, y dentro a todas las criaturas vivientes.

40. Arriba en el Cielo permanece en Identidad, pero abajo en la Tierra cambia de Generación.

41. La Eternidad abarca al Mundo, ya sea por Necesidad, Providencia o Naturaleza.

42. Si alguien piensa otra cosa, es Dios quien actúa en Todo.

43. La operación de Dios es un poder insuperable, al cual nada puede compararse, ni humano ni divino.

44. Hermes, no pienses en las cosas de arriba o abajo como Dios, o te equivocarás.

45. Nada puede ser semejante a lo diferente, único y uno. No puedes pensar que Él haya dado su Poder a otra cosa.

46. ¿Quién más podría crear vida, inmortalidad, cambio o cualidad? ¿Qué más debería hacer Él mismo?

47. Dios no es ocioso, porque entonces todo sería ocioso, pues todo está lleno de Dios.

48. No hay ociosidad en el mundo, pues implica vacío, tanto del Hacedor como de lo hecho.

49. Todas las cosas deben ser hechas siempre y según la naturaleza de cada lugar.

50. El que hace está en todas las cosas, no sujeto a nada, haciendo todas las cosas.

51. Siendo un Poder activo y suficiente, las cosas hechas están bajo Él.

52. Mira, a través de mí, el Mundo sujeto a tu vista, y comprende su Belleza.

53. Un Cuerpo inmarcesible, sin nada más antiguo, siempre vigoroso y joven.

54. Mira los siete Mundos sobre nosotros, adornados con un Orden sempiterno, llenando la Eternidad con un curso diferente.

55. Todo está lleno de Luz, y el Fuego no está en ninguna parte.

56. La amistad y mezcla de contrarios se convirtió en Luz resplandeciente por la Operación de Dios, Padre de todo Bien, Príncipe del Orden y Gobernante de los siete Mundos.

57. Mira a la Luna, precursora de todos, Instrumento de la Naturaleza, que cambia la Materia aquí abajo.

58. Contempla la Tierra, centro de todo, Cimiento firme del Mundo Hermoso, Alimentadora de las cosas Terrenales.

59. Considera la multitud de seres vivientes inmortales y mortales, y mira a la Luna en medio de ambos.

60. Todas las cosas están llenas de Alma y se mueven propiamente por ella, algunas en el Cielo y otras en la Tierra.

61. Que todas estas cosas están hechas, Hermes, no necesitas aprenderlo de mí.

62. Son Cuerpos con Alma y se mueven.

63. Que se unan en uno es imposible sin algo que las reúna.

64. Por lo tanto, debe haber alguien que las reúna en uno.

65. Los movimientos son diversos y muchos, los Cuerpos desiguales, pero hay un orden entre ellos. Es imposible que haya dos o más Hacedores.

66. Un orden no se mantiene por muchos.

67. Entre los más débiles habría celos de los más fuertes y contenciones.

68. Si hubiera un Hacedor de los seres mutables y mortales, desearía hacer inmortales, como el Hacedor de inmortales haría mortales.

69. Si hubiera dos, siendo una la Materia, ¿quién tendría la facultad de disponer?

70. ¿Cuál de ellos tendría mayor parte?

71. Todo Cuerpo viviente tiene Materia y Alma, tanto inmortal como mortal e irracional.

72. Los Cuerpos vivientes tienen Alma, y las cosas no vivientes son sólo materia.

73. El Alma, acercándose a su Hacedor, es Causa de Vida y Ser. Siendo causa de Vida, es de cierta manera causa de inmortalidad.

74. ¿Cómo son distintos los mortales de los inmortales?

75. ¿Cómo no puede hacer seres vivos quien causa inmortalidad?

76. Es evidente que hay un Cuerpo que hace estas cosas, y que es uno.

77. Hay una sola Alma, una Vida y una Materia.

78. ¿Quién puede ser sino el Dios Único?

79. ¿A quién más beneficia hacer seres vivos sino a Dios?

80. Hay, pues, un solo Dios.

81. Es ridículo confesar que el Mundo es uno, el Sol y la Luna son divinidades, y pensar que hay muchos dioses.

82. Siendo Uno, hace todas las cosas en muchas.

83. ¿Qué gran cosa es que Dios haga la Vida, el Alma, la Inmortalidad y el Cambio, cuando tú mismo haces tantas cosas?

84. Tú ves, hablas, oyes, hueles, gustas, tocas, caminas, entiendes y respiras.

85. No es uno el que ve, otro el que oye, otro el que habla, toca, huele, camina, entiende o respira, sino Uno solo el que hace todo.

86. Estas cosas no pueden existir sin Dios.

87. Así como tú, si dejaras de hacer estas cosas, no serías un ser vivo, si Dios dejara de hacerlas, ya no sería Dios.

88. Si está demostrado que nada puede estar vacío, ¿cuánto más puede afirmarse esto de Dios?

89. Si hay algo que no hace, entonces sería imperfecto.

90. Siendo perfecto, ciertamente todo lo hace.

91. Entrégate a mí, Hermes, y comprenderás que es obra necesaria de Dios que todas las cosas se hagan.

92. Esto es la vida.

93. Esto es lo justo.

94. Esto es el Bien.

95. Esto es Dios.

96. Si quieres entender esto, fíjate en lo que te sucede cuando generas.

97. Esto no es semejante a Él, pues no siente placer ni tiene compañero de trabajo.

98. Siendo el único obrero, está siempre en la obra, siendo Él mismo lo que hace.

99. Si las cosas fueran separadas de Él, caerían y morirían, pues no tendrían vida.

100. Si todas las cosas son seres vivos, en el Cielo y en la Tierra, y hay una Vida en todo lo hecho por Dios, entonces todas las cosas son hechas por Dios.

101. La Vida es la unión de la Mente y el Alma.

102. La muerte no es la destrucción de lo reunido, sino la disolución de la Unión.

103. La Imagen de Dios es la Eternidad, de la Eternidad el Mundo, del Mundo el Sol, del Sol el Hombre.

104. La gente dice que cambiar es Muerte, porque el Cuerpo se disuelve y la Vida entra en lo no visible.

105. Con este discurso, queridísimo Hermes, afirmo que el Mundo cambia, cada día una parte se hace invisible, pero nunca se disuelve.

106. Estas son las Pasiones del Mundo: Revoluciones y Ocultaciones. La Revolución es un giro, la Ocultación es Renovación.

107. El Mundo, siendo formado, no tiene formas externas, sino que cambia en sí mismo.

108. Siendo todo formado, ¿qué debe ser el que lo hizo? Sin forma no puede ser.

109. Si está todo formado, será como el Mundo, pero si sólo tiene una forma, será menor que el Mundo.

110. ¿Qué decimos que es? No suscitemos dudas, pues nada dudoso sobre Dios se conoce aún.

111. Tiene una Idea propia que, siendo incorpórea, no está sujeta a la vista, pero muestra todas las formas por los Cuerpos.

112. No te extrañes si existe una Idea incorruptible.

113. Son como los márgenes del habla en la escritura; parecen altos e hinchados, pero son por naturaleza suaves y uniformes.

114. Entiende bien esto, más audazmente por ser más verdadero: Como un hombre no puede vivir sin vida, Dios no puede vivir sin hacer el bien.

115. Esto es la Vida y el Movimiento de Dios: mover todas las cosas y vivificarlas.

116. Algunas cosas que he dicho deben tener una explicación particular. Entiende lo que digo.

117. Todas las cosas están en Dios, no como en un lugar, pues el lugar es cuerpo e inmóvil, y las cosas colocadas no tienen movimiento.

118. Yacen de otra manera en lo incorpóreo, en la fantasía o apariencia.

119. Considera al que contiene todas las cosas: nada es más espacioso que lo incorpóreo, más veloz, más poderoso.

120. Juzga esto por ti mismo: ordena a tu Alma ir a la India, y antes de que puedas ordenarlo, estará allí.

121. Ordénale pasar sobre el Océano, y de repente estará allí, no pasando de un lugar a otro, sino estando allí de repente.

122. Ordénale volar al Cielo, y no necesitará alas, nada se lo impedirá, ni el fuego del Sol, ni el Éter, ni el giro de las Esferas, ni los cuerpos de las Estrellas, sino que atravesándolo todo, volará hasta el último Cuerpo.

123. Si quieres romper el todo y ver lo que está fuera del Mundo (si hay algo fuera), puedes hacerlo.

124. ¡Mira qué poder y rapidez tienes! ¿Puedes hacer todo esto, y Dios no?

125. Considera que Dios tiene todo el mundo para sí, como pensamientos o intelectos.

126. Si no te igualas a Dios, no puedes comprenderlo.

127. Lo semejante es inteligible por lo semejante.

128. Auméntate en una grandeza inconmensurable, salta más allá de todo Cuerpo, trasciende el Tiempo, conviértete en Eternidad y comprenderás a Dios. Cree que nada es imposible para ti, considérate inmortal, capaz de comprender todo Arte, toda Ciencia y el modo y costumbre de todo ser viviente.

129. Vuélvete más alto que toda altura, más bajo que toda profundidad, comprende las cualidades de todas las Criaturas, del Fuego, del Agua, de lo Seco y de lo Húmedo. Concibe que puedes estar a la vez en todas partes: en el Mar, en la Tierra.

130. Comprende tu ser aún no engendrado en el Vientre, joven, viejo, muerto, las cosas después de la muerte, y todo esto junto como también los tiempos, lugares, hechos, cualidades y cantidades. De lo contrario, no podrás comprender a Dios.

131. Pero si encierras tu Alma en el Cuerpo y abusas de ella, diciendo "No entiendo nada, no puedo hacer nada, tengo miedo del Mar, no puedo subir al Cielo, no sé quién soy, no puedo decir lo que seré", ¿qué tienes que ver con Dios? No puedes entender ninguna de esas cosas Bellas y Buenas. Sé amante del Cuerpo y del Mal.

132. El mayor mal es no conocer a Dios.

133. Pero poder conocer, querer y esperar, es el camino recto y Divino del Bien; te encontrará en todas partes, llano y fácil, cuando no lo esperes ni lo busques.

134. No hay nada que no sea Imagen de Dios.

135. Dices que Dios es invisible, pero te advertimos: ¿quién es más manifiesto que Él?

136. Por eso ha hecho todas las cosas, para que tú lo veas por todas ellas.

137. Este es el Bien de Dios, su Virtud: aparecer y ser visto en todas las cosas.

138. No hay nada invisible, ni siquiera las cosas incorpóreas.

139. La Mente se ve en el Entendimiento, y Dios se ve en el hacer o fabricar.

140. Que estas cosas, hasta aquí, se te manifiesten, oh Trismegisto.

141. Entiende de la misma manera todas las otras cosas por ti mismo, y no serás engañado.

Libro 11

De la mente común a Tat[3]

1. La Mente, oh Tat, tiene la misma Esencia que Dios, si es que Dios tiene alguna Esencia.

---

[3] Tat, en la tradición hermética, es presentado como el hijo de Hermes Trismegisto, quien se convierte en discípulo de su padre y receptor de sus enseñanzas esotéricas y filosóficas. A través de diálogos entre Hermes y Tat, los textos herméticos exploran temas profundos como la naturaleza del alma, la cosmogonía, la regeneración espiritual y el conocimiento divino. Tat simboliza la búsqueda humana por comprender los misterios del universo y alcanzar la iluminación, sirviendo como un puente entre lo divino y lo humano. En este contexto, Tat representa no solo a un individuo sino también a un arquetipo del estudiante o buscador espiritual que aspira a la sabiduría y a la unión con lo absoluto.

2. Sólo Dios conoce con exactitud de qué tipo de Esencia se trata.

3. La Mente no está separada ni dividida de la esencialidad de Dios, sino unida como la luz del sol.

4. Esta mente en los hombres es Dios, por lo que algunos hombres son Divinos y su Humanidad está cerca de la Divinidad.

5. El buen Demonio llamó a los Dioses hombres inmortales, y a los hombres Dioses mortales.

6. En los animales irracionales, la Mente es su Naturaleza.

7. Donde hay Alma, hay Mente, así como donde hay Vida, también hay Alma.

8. En las criaturas vivientes que carecen de Razón, el Alma es la Vida, vacía de las operaciones de la Mente.

9. La Mente beneficia a las Almas de los hombres y obra para su propio Bien.

10. En los seres irracionales coopera con su Naturaleza, pero en los hombres obra contra sus Naturalezas.

11. El Alma, al estar en el Cuerpo, se vuelve Maligna por el Dolor, la Pena, el Placer o el Deleite.

12. El Dolor y el Placer fluyen como Jugos del Cuerpo compuesto, y cuando el Alma entra en él, se humedece y tiñe con ellos.

13. La Mente gobierna y domina a las Almas, mostrándoles su propia Luz y resistiendo sus preposiciones o presunciones.

14. Como un buen Médico aflige al Cuerpo enfermo, quemándolo o lanceándolo en aras de la salud.

15. De igual manera, la Mente aflige al Alma, sacándola del Placer, de donde procede toda enfermedad del Alma.

16. La gran Enfermedad del Alma es el Ateísmo, pues esa opinión conduce a todo Mal y a ningún Bien.

17. La Mente, resistiéndola, procura el Bien al Alma, como un Médico la salud al Cuerpo.

18. Las Almas de los Hombres que no admiten a la Mente como su Gobernador, sufren lo mismo que el Alma de los seres irracionales.

19. El Alma, siendo Cooperadora con ellos, les permite seguir sus concupiscencias, llevándolos por el torrente de su Apetito hacia la brutalidad.

20. Como Bestias Brutas, se enojan y desean sin razón, nunca cesando ni satisfaciéndose con el mal.

21. La ira y los deseos irrazonables son los males más graves.

22. Dios ha puesto la Mente sobre estos, como un Vengador y Represor.

23. Tat: Oh Padre, el discurso sobre el Destino que me hiciste antes está en peligro de ser derribado. Si es fatal que un hombre cometa Adulterio, Sacrilegio o cualquier mal, y es castigado por ello, aunque lo haga por necesidad del Destino.

24. Hermes: Todas las cosas, oh Hijo, son obra del Destino, y sin él no puede hacerse nada corporal, ni Bueno ni Malo.

25. Está decretado por el Destino que quien hace mal, también sufra por ello.

26. Por eso lo ves sufrir, porque lo hizo.

27. Pero por ahora dejemos ese discurso sobre el Mal y el Destino, pues ya hemos hablado de ello en otras ocasiones.

28. Nuestro discurso actual es sobre la Mente, lo que puede hacer, cómo difiere y cómo es en los hombres, pero cambia en los animales.

29. En los animales no es beneficiosa, pero en los hombres apaga su Ira y Concupiscencias.

30. Debes entender que algunos hombres son racionales o gobernados por la razón, y otros irracionales.

31. Todos los hombres están sujetos al Destino, a la Generación y a los Cambios, pues estos son el principio y el fin del Destino.

32. Todos los hombres sufren lo que está decretado por el Destino.

33. Pero los hombres racionales, sobre quienes la Mente gobierna, no sufren como los demás, sino que estando libres de vicios y no siendo malos, sufren el mal.

34. Tat: ¿Cómo dices esto de nuevo, Padre? Un Adúltero, ¿no es malo? Un Asesino, ¿no es malo? Y así todos los demás.

35. Hermes: El hombre racional, oh Hijo, no sufrirá por Adulterio, sino como el Adúltero, ni por Asesinato, sino como el Asesino.

36. Es imposible escapar de la Cualidad de Cambio y de la Generación, pero el que tiene la Mente puede escapar de la Viciosidad.

37. Por eso, oh Hijo, siempre he oído al buen Demonio decir que si lo hubiera escrito, habría aprovechado mucho a toda la humanidad. Sólo él, oh Hijo, como el primogénito Dios, viendo todas las cosas, habló verdaderamente palabras Divinas. A veces le he oído decir que todas las Cosas son una, Especialmente los Cuerpos Inteligibles, o que todos los Cuerpos Inteligibles son uno.

38. Vivimos en el Poder, en el Acto y en la Eternidad.

39. Una buena Mente es lo que el Alma de él es.

40. Si esto es así, entonces ninguna cosa inteligible difiere de las cosas inteligibles.

41. Como es posible que la Mente, el Príncipe de todas las cosas, así también el Alma que es de Dios puede hacer lo que quiera.

42. Entiende bien, pues este Discurso responde a tu pregunta anterior sobre el Destino y la Mente.

43. Primero, oh Hijo, si te apartas de todos los discursos contenciosos, encontrarás que en verdad la Mente, el Alma de Dios, gobierna sobre todas las cosas, el Destino, la Ley y todo lo demás.

44. Y nada es imposible para él, ni siquiera las cosas que están bajo el Destino.

45. Aunque el Alma del hombre esté por encima, no debe descuidar las cosas que están bajo el Destino.

46. Estos fueron los excelentes dichos del buen Demonio.

47. Tat: Divinamente dicho, oh Padre, y verdadero y provechosamente, pero aclárame una cosa.

48. Dices que en los animales la Mente actúa según la Naturaleza, cooperando con sus inclinaciones.

49. Las inclinaciones impetuosas de los animales, tal como yo las concibo, son pasiones. Por lo tanto, si la mente coopera con estas inclinaciones que son pasiones en los animales, ciertamente la mente es también una pasión, conformándose a las pasiones.

50. Hermes: Bien hecho, Hijo, preguntas noblemente, y sin embargo es justo que te responda.

51. Todas las cosas incorpóreas que están en el Cuerpo son propiamente Pasiones.

52. Todo lo que se mueve es incorpóreo; todo lo que se mueve es un Cuerpo, y es movido por la Mente. El movimiento es Pasión, y ambos sufren; tanto lo que se mueve como lo que es movido, tanto lo que gobierna como lo que es gobernado.

53. Pero al ser liberado del Cuerpo, es liberado igualmente de la Pasión.

54. Especialmente, oh Hijo, no hay nada impasible, sino que todas las cosas son pasibles.

55. La Pasión difiere de lo que es pasible, pues aquélla actúa pero ésta sufre.

56. Los cuerpos también actúan por sí mismos, pues o bien son inmóviles o bien son movidos, y en cualquier caso es una Pasión.

57. Las cosas incorpóreas siempre actúan u obran, y por eso son pasibles.

58. No te molesten los nombres, pues Acción y Pasión son lo mismo, pero usar el más honorable no es penoso.

59. Tat: Oh Padre, has pronunciado este Discurso con gran claridad.

60. Hermes: Considera también, oh Hijo, que Dios ha concedido al hombre, por encima de todas las demás cosas vivientes, la Mente y el Habla o Razón, igual a la inmortalidad.

61. Si un hombre los usa en lo que debe, no diferirá en nada de los Inmortales.

62. Es más, saliendo del Cuerpo, será guiado por ellos al Coro y Sociedad de los Dioses y Bienaventurados.

63. Tat: ¿Acaso otras criaturas vivientes no usan el habla, oh Padre?

64. Hermes: No, Hijo, sólo la Voz; el Habla y la Voz difieren sobremanera. El Habla es común a todos los hombres, pero la Voz es propia de cada clase de ser viviente.

65. Tat: Sí, pero el habla de los hombres es diferente según su Nación, oh Padre.

66. Hermes: Es verdad, oh hijo, que difieren. Sin embargo, así como el hombre es uno, también lo es el Habla; se interpreta y se encuentra lo mismo en Egipto, Persia y Grecia.

67. Pero me parece, hijo, que ignoras la virtud, el poder y la grandeza del habla.

68. El bendito Dios, el buen Demonio, dijo que el Alma estuviera en el Cuerpo, la Mente en el Alma, la Palabra, el Habla o la Razón en la Mente, y la Mente en Dios, siendo Dios el Padre de todos ellos.

69. El Verbo es la Imagen de la Mente, la Mente de Dios, el Cuerpo de la Idea, y la Idea del Alma.

70. De la Materia, la parte más sutil es el Aire, del Aire el Alma, del Alma la Mente, de la Mente Dios.

71. Dios está sobre todas las cosas y a través de todas las cosas, la Mente sobre el Alma, el Alma sobre el Aire, y el Aire sobre la Materia.

72. La Necesidad, la Providencia y la Naturaleza son los Órganos o Instrumentos del Mundo y del Orden de la Materia.

73. De las cosas inteligibles, cada una no es sino la Esencia de ellas en Identidad.

74. Pero de los Cuerpos del universo, cada uno es muchas cosas.

75. Los Cuerpos que se juntan y tienen sus cambios en otros, teniendo Identidad, siempre salvan y preservan la incorrupción de la Identidad.

76. En cada uno de los Cuerpos compuestos hay un número.

77. Sin número es imposible que haya consistencia, constitución, composición o disolución.

78. Las Unidades engendran y aumentan los Números, y una vez disueltas, vuelven a sí mismas.

79. La Materia es Una.

80. Este Mundo entero, el gran Dios e Imagen del Mayor, unido a él y conservando el Orden y Voluntad del Padre, es la plenitud de la Vida.

81. No hay nada en él, a través de toda la Eternidad de las Revoluciones, ni del todo ni de las partes, que no vivan.

82. No hay nada muerto que haya existido, exista o vaya a existir en el Mundo.

83. El Padre quiere que, mientras dure, sea una cosa viviente; por lo tanto tiene que ser Dios también.

84. ¿Cómo, pues, oh Hijo, puede haber en Dios, en la Imagen del Universo, en la plenitud de la Vida, alguna cosa muerta?

85. Morir es corrupción, y la corrupción es destrucción.

86. ¿Cómo, entonces, puede corromperse o destruirse algo de lo incorruptible, de Dios?

87. Tat: Por tanto, oh Padre, las cosas vivas del Mundo no mueren, aunque sean partes de él.

88. Hermes: Sé cauteloso en tu Discurso, Oh Hijo, y no te engañes en los nombres de las cosas.

89. No mueren, oh Hijo, sino que como Cuerpos compuestos se disuelven.

90. La disolución no es muerte; son disueltos, no para ser destruidos, sino para ser hechos nuevos.

91. Tat: ¿Cuál es entonces la operación de la Vida? ¿No es el Movimiento?

92. Hermes: ¿Y qué hay en el Mundo inamovible? Nada en absoluto, oh Hijo.

93. Tat: ¿Por qué la Tierra no te parece inconmovible, oh Padre?

94. Hermes: No, sino sujeta a muchos movimientos, aunque en cierto modo es la única estable.

95. ¡Qué ridículo es que la Nodriza de todas las cosas sea inmóvil, la que soporta y produce todo!

96. Es imposible que algo que produce, produzca sin movimiento.

97. Una pregunta ridícula es si la cuarta parte del todo es ociosa. La palabra inmóvil o sin Movimiento no significa otra cosa sino ociosidad.

98. Sabe en general, oh Hijo, que todo lo que hay en el Mundo se mueve según el Aumento o la Disminución.

99. Lo que es movido también vive, aunque no es necesario que una cosa viva o continúe siendo la misma.

100. Mientras el Mundo entero está junto, es inmutable, Oh Hijo, pero todas sus partes son cambiantes.

101. Sin embargo, nada es corrompido, destruido o completamente abolido, sino los nombres que molestan a los hombres.

102. La Generación no es Vida, sino Sentido; ni el Cambio es Muerte, sino Olvido u Ocultación. La Generación no es una Creación de Vida, sino una Producción de Cosas para el Sentido, haciéndolas Manifiestas. El Cambio no es Muerte, sino Ocultación de lo que fue.

103. Siendo estas cosas así, todas son Inmortales: Materia, Vida, Espíritu, Alma, Mente, de las cuales todo ser viviente consiste.

104. Por lo tanto, todo ser viviente es Inmortal, debido a la Mente, pero especialmente el Hombre, que recibe a Dios y conversa con él.

105. Porque sólo con el hombre Dios está familiarizado; en la noche por sueños, en el día por Símbolos o Signos.

106. Y por todas las cosas le predice lo que ha de venir, por Aves, por el Espíritu o Viento, y por un Roble.

107. Por lo cual el Hombre profesa conocer las cosas que han sido, las presentes y las venideras.

108. Considera esto también, Oh Hijo: cada criatura viviente va sobre una parte del Mundo, las que nadan en el Agua, las terrestres en la Tierra, las aves voladoras en el Aire.

109. Pero el Hombre usa todo esto: la Tierra, el Agua, el Aire y el Fuego, es más, ve y toca el Cielo por su Sentido.

110. Dios está sobre todas las cosas y a través de todas las cosas, pues es a la vez Acto y Poder.

111. Y no es difícil, oh Hijo, entender a Dios.

112. Y si también quieres verle, mira la Necesidad de las cosas que aparecen, y la Providencia de las cosas que han sido y son hechas.

113. Mira que la Materia está muy llena de Vida, y que tan gran Dios se mueve con todo lo Bueno y lo Justo, tanto Dioses como Demonios y Hombres.

114. Tat: Pero estos, oh Padre, son enteramente Actos u Operaciones.

115. Hermes: Por tanto, si son totalmente actos u operaciones, oh Hijo, ¿por quién son actuados u operados, sino por Dios?

116. ¿O es que ignoras que, así como las partes del mundo son el cielo, la tierra, el agua y el aire, de la misma manera los miembros de Dios son la vida, la inmortalidad, la eternidad, el espíritu, la necesidad, la providencia, la naturaleza, el alma y la mente, y la continuidad o perseverancia de todo esto que se llama el bien?

117. Y no hay nada de todo lo que ha sido y todo lo que es, donde Dios no esté.

118. Tat: ¿Qué pasa, oh Padre?

119. Hermes: La Materia, Hijo, ¿qué es sin Dios, para que le atribuyas un lugar propio?

120. O ¿qué te parece que es? ¿Tal vez un montón que no es accionado u operado?

121. Pero si es actuado, ¿por quién es actuado? Porque hemos dicho que los Actos u Operaciones son las partes de Dios.

122. ¿Por quién son vivificados todos los seres vivientes? Y los Inmortales, ¿por quién son inmortalizados? Las cosas que son cambiables, ¿por quién son cambiadas?

123. Ya hables de Materia, Cuerpo o Esencia, debes saber que todos ellos son actos de Dios.

124. Y que el Acto de la Materia es materialidad, el de los Cuerpos corporalidad, y el de la Esencia esencialidad; y esto es Dios todo entero.

125. Y en el todo no hay nada que no sea Dios.

126. Por lo tanto, en Dios no hay Grandeza, Lugar, Cualidad, Figura o Tiempo; porque Él es Todo, el Todo a través de todo y sobre todo.

127. A este Verbo, oh Hijo, adora y rinde culto. Y el único servicio de Dios es no ser malo.

Libro 12

Su Cráter o Monas[4]

---

[4] En el contexto hermético, el término "cráter" se refiere a una copa o vaso utilizado en ceremonias y rituales antiguos, simbolizando a menudo el recipiente de la sabiduría divina o el medio a través del cual se vierte el conocimiento espiritual del cosmos hacia la humanidad. Por otro lado, "Monas" es un concepto filosófico que denota la unidad primordial o el principio de unicidad que subyace a toda la existencia.

Cuando Hermes Trismegisto habla de "Su Cráter o Monas" en el Divino Poimandres, está haciendo referencia a un concepto profundo que amalgama la idea de un receptáculo o medio a través del cual se manifiesta

1. El Creador hizo este Universo, no con sus manos, sino con su Palabra.

2. Por lo tanto, piensa en Él como omnipresente, eterno y creador de todas las cosas, siendo Uno y superior, que por su Voluntad ha diseñado todo lo existente.

3. Porque ese es su Cuerpo, intangible, invisible, inconmensurable, sin extensión y diferente a cualquier otro cuerpo.

4. No es Fuego, ni Agua, ni Aire, ni Viento, pero todas estas cosas provienen de Él, pues siendo Bueno, sólo a sí mismo se ha otorgado ese nombre.

5. También quiso embellecer la Tierra con la belleza de un Cuerpo Divino.

6. Y envió al Hombre, un ser Inmortal y Mortal.

7. El Hombre superó a todas las criaturas vivientes y al Mundo, gracias a su Habla y Mente.

8. El Hombre se convirtió en observador de las Obras de Dios, se asombró y reconoció al Creador.

---

la unidad fundamental del cosmos (Monas), con la capacidad de contener o transmitir el conocimiento esotérico y la sabiduría divina. Este concepto puede interpretarse como una alegoría de la manera en que el conocimiento espiritual es recibido y asimilado por el buscador, o cómo el individuo puede llegar a comprender y experimentar la unidad fundamental de todo lo que existe (la Monas) a través de la transformación interior y la iluminación espiritual. En este sentido, el "Cráter" simboliza el medio o método a través del cual se accede al estado de consciencia unitiva representado por la "Monas".

9. Dios repartió el Habla entre todos los hombres, pero no la Mente, sin embargo, no envidió a nadie, porque la Envidia no habita allá, sino aquí abajo en las Almas de los hombres que carecen de Mente.

10. Tat: Padre, ¿por qué Dios no dio la Mente a todos los hombres?

11. Hermes: Porque quiso, hijo mío, ponerla en medio de todas las almas como un premio por el cual luchar.

12. Tat: ¿Y dónde la ha puesto?

13. Hermes: Llenando con ella una gran Copa, la hizo descender, enviando también un Heraldo.

14. Y le ordenó que anunciara esto a las almas humanas:

15. Sumérgete y báñate, tú que puedes, en esta Copa; Tú que crees que volverás a quien envió esta Copa; tú que comprendes para qué fuiste creado.

16. Así, todos los que entendieron el Anuncio y fueron bautizados en la Mente, se hicieron partícipes del Conocimiento y se convirtieron en hombres perfectos al recibir la Mente.

17. Pero todos los que no atendieron el Anuncio, recibieron el Habla, pero no la Mente, ignorando para qué fueron creados o por quién.

18. Sus sentidos son iguales a los de las bestias salvajes, y teniendo su temperamento en la Ira y la Cólera, no admiran las cosas dignas de contemplar.

19. Totalmente entregados a los placeres y deseos de los Cuerpos, creen que el hombre fue hecho para ellos.

20. Pero todos los que participaron del don de Dios, oh Tat, en comparación con sus obras, son más bien inmortales que mortales.

21. Comprendiendo con su Mente todas las cosas que están sobre la Tierra, en el Cielo, y si hay algo más allá del Cielo.

22. Y elevándose tan alto, ven el Bien, y al verlo, consideran una desgracia habitar aquí.

23. Y despreciando todo lo corporal e incorpóreo, se apresuran hacia el Uno y Único.

24. Así, Tat, es el Conocimiento de la Mente: la contemplación de las Cosas Divinas y la Comprensión de Dios, siendo la Copa misma Divina.

25. Tat: Y yo, Padre, deseo ser bautizado y sumergido en ella.

26. Hermes: A menos que primero odies tu cuerpo, hijo mío, no podrás amarte a ti mismo; pero amándote a ti mismo, tendrás la Mente, y teniendo la Mente, participarás también del Conocimiento.

27. Tat: ¿Qué quieres decir con eso, Padre?

28. Hermes: Porque es imposible, hijo, estar al tanto de las cosas Mortales y Divinas.

29. Porque las cosas que son, siendo dos: Cuerpos y cosas incorpóreas, donde está lo Mortal y lo Divino, la Elección de cualquiera de los dos se deja a quien elige; Porque ningún hombre puede elegir ambos.

30. Y cualquiera que sea la elección que se haga, la otra se ve disminuida o vencida, magnificando el acto y la operación de la otra.

31. Por lo tanto, la elección de lo segundo no sólo es mejor para quien la elige, al deificar a un hombre, sino que también demuestra Piedad y Religión hacia Dios.

32. Pero la elección de lo peor destruye al hombre, aunque no hace nada en contra de Dios; excepto que, como los Pajes cuando salen al exterior no pueden hacer nada por sí mismos sino estorbar, de la misma manera estos hacen de Pajes en el Mundo, siendo seducidos por los placeres del Cuerpo.

33. Siendo así, Tat, que las cosas nos han sido tan abundantemente otorgadas por Dios, que también procedan de nosotros sin escasez ni mezquindad.

34. Pues Dios es inocente, pero nosotros somos las causas del Mal al preferirlo antes que el Bien.

35. Ya ves, hijo, cuántos Cuerpos debemos traspasar, cuántos coros de Demonios y qué continuidad y cursos de Estrellas, para apresurarnos hacia el Único y solo Dios.

36. Porque el Bien es insuperable, ilimitado e infinito; para sí mismo sin principio, pero para nosotros, parece tener un comienzo, incluso nuestro conocimiento de Él.

37. Pues nuestro conocimiento no es su principio, sino que nos muestra el comienzo de su conocimiento por nosotros.

38. Aferrémonos, pues, al principio y rápidamente recorreremos todas las cosas.

39. Es ciertamente difícil dejar aquellas cosas que son habituales y presentes, y volvernos a aquellas que son antiguas y originales.

40. Porque estas cosas que aparecen nos deleitan, pero hacen que las cosas que no aparecen sean difíciles de creer.

41. Las cosas más evidentes son Malas, pero el Bien está oculto en las cosas que aparecen, pues no tiene Forma ni Figura.

42. Por esta causa es semejante a sí mismo, pero diferente a todo lo demás; porque es imposible que cualquier cosa incorpórea se dé a conocer o aparezca a un Cuerpo.

43. Porque esta es la diferencia entre lo semejante y lo desemejante, y lo desemejante siempre necesita algo de lo semejante.

44. Por la Unidad, Principio y Raíz de todas las cosas, siendo la Raíz y el Principio.

45. Nada existe sin principio, pero el Principio no proviene de nada, sino de sí mismo, porque es el Principio de todas las demás cosas.

46. Por eso es, puesto que no procede de otro principio.

47. La Unidad, por tanto, siendo el Principio, contiene todos los números, pero ella misma no está contenida en ninguno, y engendra todos los números, no siendo ella misma engendrada por ningún otro número.

48. Cada cosa que es engendrada es imperfecta y puede ser dividida, aumentada, disminuida.

49. Pero a lo perfecto no le sucede nada de esto.

50. Y lo que es aumentado, es aumentado por la Unidad, pero es consumido y desvanecido por la debilidad, no siendo capaz de recibir la Unidad.

51. Esta Imagen de Dios te la he descrito, Tat, tan bien como he podido; si la consideras diligentemente y la miras con los ojos de tu mente y de tu corazón, créeme, hijo, encontrarás el camino a las cosas de arriba, o más bien, la Imagen misma te guiará.

52. Pero la contemplación tiene esta peculiaridad: Aquellos que pueden verla y observarla, se aferran a ella y son atraídos, como se dice que el hierro es atraído por el imán.

Libro 13

Del Sentido y del Entendimiento

1. Ayer, Asclepio, di un discurso perfecto. Hoy creo que es necesario, como complemento, hablar también sobre el Sentido.

2. El Sentido y el Entendimiento parecen ser diferentes, ya que uno es material y el otro esencial.

3. Pero yo pienso que ambos son uno, o están unidos, no separados en los seres humanos.

4. En otras criaturas vivientes, el sentido está unido a la naturaleza, pero en los humanos, al entendimiento.

5. La Mente es diferente del Entendimiento, tanto como Dios lo es de la Divinidad.

6. La Divinidad proviene de Dios, y el Entendimiento de la Mente, siendo hermana de la Palabra, y siendo instrumentos el uno del otro.

7. La Palabra no se pronuncia sin el Entendimiento, ni el Entendimiento se manifiesta sin la Palabra.

8. Por eso, el Sentido y el Entendimiento fluyen juntos en el hombre, como si estuvieran fundidos el uno en el otro.

9. No es posible entender sin sentido, ni tener sentido sin entendimiento.

10. Sin embargo, es posible que el Entendimiento pueda entender sin Sentido, como aquellos que tienen visiones en sus sueños.

11. Pero creo que ambas operaciones están presentes en las visiones de los sueños, y que el Sentido se despierta del sueño hasta el momento de despertar.

12. El hombre está dividido en Cuerpo y Alma. Cuando ambas partes del Sentido concuerdan entre sí, el entendimiento es engendrado por la Mente pronunciada.

13. La Mente produce todos los Entendimientos: los buenos cuando recibe buenas Semillas de Dios, y los contrarios cuando los recibe de los Demonios.

14. No hay parte del Mundo vacía del Diablo, que entrando en privado, sembró la semilla de su propia operación. La Mente, embarazada, dio a luz lo que fue sembrado: Adulterios, Asesinatos, Agresiones a los Padres, Sacrilegios, Impiedades, Estrangulamientos, Suicidios, y todas las demás obras de Demonios malignos.

15. Las Semillas de Dios son pocas pero Grandes, Bellas y Buenas Virtudes, Templanza y Piedad.

16. La Piedad es el Conocimiento de Dios. Quien lo conoce, estando lleno de todas las cosas buenas, tiene Entendimiento Divino, a diferencia de la mayoría.

17. Por eso, los que tienen ese Conocimiento no agradan a la multitud, ni la multitud a ellos. Parecen locos, son objeto de risa, odiados y despreciados, y muchas veces también asesinados.

18. Ya hemos dicho que la maldad debe habitar aquí, estando en su propia región.

19. Su región es la Tierra, no el Mundo, como algunos dirán a veces, blasfemando.

20. Pero el Hombre piadoso que se aferra al Conocimiento, despreciará todas estas cosas. Aunque sean malas para otros hombres, para él todas las cosas son buenas.

21. Con madura consideración, remite todas las cosas al Conocimiento, y lo que es más sorprendente, sólo él hace buenas las cosas malas.

22. Pero vuelvo de nuevo a mi discurso sobre el Sentido.

23. Es propio del Hombre comunicar y unir el Sentido y el Entendimiento.

24. Pero no todo hombre goza del Entendimiento. Uno es material, otro esencial.

25. El que es material con maldad, como dije, recibió de los Demonios la Semilla del Entendimiento. Pero los que están con el Bien esencialmente, se salvan con Dios.

26. Dios es el Obrero de todas las cosas, y cuando obra, usa la Naturaleza.

27. Él hace todas las cosas buenas como él mismo.

28. Pero estas cosas que son hechas buenas, son en el uso de la Operación, ilícitas.

29. El Movimiento del Mundo que agita las Generaciones, hace Cualidades, infectando algunas con maldad y purificando otras con bien.

30. El Mundo, Asclepio, tiene un Sentido y Entendimiento peculiar, no como el del Hombre, ni tan variado o múltiple, sino uno mejor y más simple.

31. Este Sentido y Entendimiento del Mundo es Uno, en el que hace todas las cosas y las deshace de nuevo en sí mismo, porque es el Instrumento de la Voluntad de Dios.

32. Está organizado por Dios para ser un Instrumento. Recibiendo todas las Semillas en sí mismo de Dios y manteniéndolas, hace todas las cosas eficazmente y, disolviéndolas, renueva todas las cosas.

33. Como un buen Marido de la Vida, cuando las cosas se disuelven, proporciona la renovación de todas las cosas que crecen por medio del lanzamiento de la Semilla.

34. No hay nada que él (el Mundo) no engendre o dé vida. Por su Movimiento, hace que todas las cosas vivan.

35. Es a la vez el Lugar y el Obrero de la Vida.

36. Los Cuerpos provienen de la Materia de manera diferente: algunos de la Tierra, otros del Agua, otros del Aire, otros del Fuego. Todos están compuestos, pero algunos están más compuestos y otros son más simples.

37. Los que son compuestos son los más pesados, y los que son menos, los más altos.

38. La rapidez del Movimiento del Mundo hace las variedades de las Cualidades de la Generación. La influencia, siendo más frecuente, se extiende a las cualidades de los Cuerpos con una plenitud que es de la Vida.

39. Dios es el Padre del Mundo, pero el Mundo es el Padre de las cosas en el Mundo.

40. El Mundo es el Hijo de Dios, pero las cosas en el Mundo son los Hijos del Mundo.

41. Por eso es bien llamado el Mundo, que es un Ornamento, porque adorna y embellece todas las cosas con la variedad de la Generación, la insuficiencia de la Vida, la infatigabilidad de la Operación, la rapidez de la Necesidad con la mezcla de Elementos y el orden de las cosas hechas.

42. Por lo tanto, es necesario y apropiado llamarlo el Mundo.

43. En todas las cosas vivientes, tanto el Sentido como el Entendimiento les viene desde fuera, inspirado por aquello que las rodea y las continúa.

44. El Mundo, que lo recibió una vez de Dios tan pronto como fue hecho, lo tiene todavía, lo que alguna vez tuvo.

45. Pero Dios no es como les parece a algunos que blasfeman por superstición, sin Sentido, sin Mente o Entendimiento.

46. Porque todas las cosas que existen, Asclepio, están en Dios, hechas por él y dependen de él. Algunas obran por Cuerpos, algunas se mueven por una Esencia semejante al Alma, algunas vivifican por un Espíritu, y algunas reciben las cosas que están cansadas, todas muy apropiadamente.

47. O más bien, digo que él no las tiene, sino que declaro la Verdad: Él es Todas las Cosas, no recibiéndolas de fuera, sino exhibiéndolas exteriormente.

48. Este es el Sentido y Entendimiento de Dios: mover siempre todas las cosas.

49. Y nunca habrá tiempo en que alguna de esas cosas que son, falle o falte.

50. Cuando digo las cosas que son, me refiero a Dios, porque las cosas que son, Dios las hace, y no hay nada sin él, ni él sin nada.

51. Estas cosas, Asclepio, parecerán verdaderas si las entiendes, pero si no las entiendes, increíbles.

52. Entender es creer, pero no creer no es entender. Mis palabras no alcanzan la Verdad, pero la Mente es grande y, siendo guiada por un tiempo por el Discurso, es capaz de alcanzar la Verdad.

53. Y entendiendo todas las cosas a su alrededor, y encontrándolas consonantes y acordes con aquellas cosas que fueron entregadas e interpretadas por el Discurso, cree. Y en esa buena creencia, descansa.

54. Para aquellos que entienden las cosas que han sido dichas de Dios, son creíbles, pero para aquellos que no las entienden, increíbles.

55. Que esto y muchas cosas más sean dichas acerca del Entendimiento y del Sentido.

Libro 14

De la Operación y del Sentido

1. Tat: Padre, has explicado bien estas cosas. Por favor, explícame más, ya que dices que la Ciencia y el Arte son Operaciones de lo racional. Pero ahora dices que los animales son irracionales, y por carecer de razón, son llamados Brutos. Entonces, según esto, las criaturas irracionales no deberían participar de la Ciencia o el Arte, ya que carecen de Razón.

2. Hermes: Así es, hijo mío.

3. Tat: Entonces, ¿por qué vemos a algunas criaturas irracionales usando Ciencia y Arte? Por ejemplo, las hormigas almacenan comida para el invierno, las aves construyen nidos, y los cuadrúpedos conocen sus madrigueras.

4. Hermes: Hijo, ellos hacen estas cosas no por Ciencia o Arte, sino por Naturaleza. La Ciencia y el Arte se enseñan, pero a ninguna de estas bestias se les ha enseñado nada.

5. Estas cosas son naturales para ellos, obradas por la Naturaleza. El Arte y la Ciencia no son para todos, sólo para algunos.

6. Por ejemplo, algunos hombres son músicos, pero no todos. No todos son arqueros o cazadores, sino que algunos han aprendido estas habilidades mediante la práctica de la Ciencia o el Arte.

7. Si algunas hormigas almacenaran comida y otras no, podrías decir que lo hacen por Ciencia y Arte.

8. Pero como todas son guiadas por la Naturaleza hacia lo mismo, incluso contra su voluntad, es evidente que no lo hacen por Ciencia o Arte.

9. Tat, las Operaciones, siendo incorpóreas, están en los Cuerpos y actúan a través de ellos.

10. Por lo tanto, Tat, en la medida en que son incorpóreas, se debe decir que son inmortales.

11. Pero como no pueden actuar sin Cuerpos, digo que siempre están en un Cuerpo.

12. Las cosas que existen para algo o por causa de algo, sujetas a la Providencia o Necesidad, no pueden permanecer inactivas en su propia Operación.

13. Porque lo que es, siempre será. El Cuerpo y su Vida son lo mismo.

14. Por eso, se sigue que los Cuerpos también son eternos, ya que afirmo que esta corporeidad existe siempre por el Acto y la Operación, o para ellos.

15. Aunque los cuerpos terrenales están sujetos a disolución, estos cuerpos deben ser los Lugares, Órganos e Instrumentos de los Actos u Operaciones.

16. Los Actos u Operaciones son inmortales, y lo inmortal siempre está en Acto. Por eso, la Corporificación también es eterna, si siempre existe.

17. Los Actos u Operaciones siguen al Alma. No vienen repentina o promiscuamente, sino que algunos vienen junto con el ser hecho hombre, tratándose de cosas brutas o irracionales.

18. Pero las Operaciones más puras, insensiblemente en el cambio del tiempo, trabajan con la parte oblicua del Alma.

19. Estas Operaciones dependen de los Cuerpos. Las que son corporificantes vienen de los Cuerpos Divinos a los mortales.

20. Cada una actúa tanto sobre el Cuerpo como sobre el Alma, y están presentes con el Alma, incluso sin el Cuerpo.

21. Siempre son Actos u Operaciones, pero el Alma no siempre está en un Cuerpo mortal, pues puede estar sin Cuerpo. Sin embargo, los Actos u Operaciones no pueden estar sin Cuerpos.

22. Este es un discurso sagrado, hijo. El Cuerpo no puede existir sin un Alma.

23. Tat: ¿Qué quieres decir con eso, Padre?

24. Hermes: Entiéndelo así, Tat. Cuando el Alma se separa del Cuerpo, el Cuerpo permanece igual.

25. Y este mismo Cuerpo, según el tiempo que mora, es actuado u operado hasta que se disuelve y se vuelve invisible.

26. El Cuerpo no puede sufrir estas cosas sin un acto u operación. Por eso, el mismo acto u operación permanece con el Cuerpo.

27. Esta es la diferencia entre un Cuerpo inmortal y uno mortal: el inmortal consiste en una Materia y no sufre, mientras que el mortal sí.

28. Lo que actúa u opera es más fuerte y gobierna. Lo que es actuado u operado, es gobernado.

29. Lo que rige, dirige y gobierna como libre, pero lo otro es regido, un siervo.

30. Los Actos u Operaciones no sólo actúan sobre Cuerpos vivos, que respiran o son insuflados, sino también sobre Cuerpos sin aliento o sin Almas, como madera, piedras y cosas similares, aumentando y oyendo frutos, madurando, corrompiendo, pudriendo, putrificando, rompiendo, u obrando cosas semejantes, y todo lo que los Cuerpos inanimados pueden sufrir.

31. Acto u Operación, oh hijo, se llama a todo lo que es, se hace o se produce, y siempre hay muchas cosas hechas, o más bien todas las cosas.

32. El Mundo nunca está desprovisto de ninguna de las cosas que son. Siendo siempre llevado o movido en sí mismo, está en trabajo para producir las cosas que son, que nunca serán abandonadas por él a la corrupción.

33. Entiende, pues, que todo acto u operación es siempre inmortal, sin importar la forma de su Cuerpo.

34. Algunos Actos u Operaciones son de Cuerpos Divinos, otros de Cuerpos corruptibles, algunos universales, algunos peculiares, algunos de los generales y algunos de las partes de cada cosa.

35. Por lo tanto, hay actos u operaciones divinos que actúan sobre sus propios cuerpos, y éstos también son perfectos, y están sobre o en cuerpos perfectos.

36. Los particulares son los que obran por cualquiera de las Criaturas vivientes.

37. Los propios son los que obran sobre cualquiera de las cosas que son.

38. Por este Discurso, oh hijo, se deduce que todas las cosas están llenas de Actos u Operaciones.

39. Porque si necesariamente están en cada Cuerpo, y hay muchos Cuerpos en el Mundo, puedo afirmar que hay muchos otros Actos u Operaciones.

40. Porque muchas veces en un Cuerpo, hay uno, un segundo y un tercero, además de estos universales que siguen.

41. Y llamo Operaciones universales a las que en verdad son corporales y son hechas por los Sentidos y Mociones.

42. Pues sin éstas es imposible que el Cuerpo consista.

43. Pero otras Operaciones son propias de las Almas de los Hombres, por Artes, Ciencias, Estudios y Acciones.

44. Los Sentidos también siguen a estas Operaciones, o más bien son los efectos o perfecciones de ellas.

45. Entiende, oh hijo, que la diferencia de las Operaciones es enviada desde arriba.

46. Pero estando el Sentido en el Cuerpo y teniendo su esencia de él, cuando recibe Acto u Operación, lo manifiesta, haciéndolo como corpóreo.

47. Por lo tanto, digo que los Sentidos son a la vez corpóreos y mortales, teniendo tanta existencia como el Cuerpo, pues nacen con el Cuerpo y mueren con él.

48. Pero las cosas mortales en sí no tienen Sentido, por no consistir en tal Esencia.

49. Pues el Sentido no puede ser otra cosa que una aprehensión corpórea, ya sea del mal o del bien que llega al Cuerpo.

50. Pero a los Cuerpos eternos no hay nada que venga ni que parta. Por tanto, no hay Sentido en ellos.

51. Tat: ¿El Sentido percibe o aprehende en cada Cuerpo?

52. Hermes: En cada Cuerpo, oh hijo.

53. Tat: ¿Y los Actos u Operaciones obran en todas las cosas?

54. Hermes: Incluso en las cosas inanimadas, oh hijo, pero hay diferencias de Sentidos.

55. Los Sentidos de las cosas racionales están con la Razón. De las cosas irracionales, son solamente corporales. Pero los Sentidos de las cosas inanimadas son pasivos solamente, según el Aumento y la Disminución.

56. La Pasión y el Sentido dependen ambos de una cabeza o altura, y se reúnen en la misma por Actos u Operaciones.

57. Pero en los seres vivos hay otras dos Operaciones que siguen a los Sentidos y a las Pasiones: la Pena y el Placer.

58. Y sin éstas, es imposible que un hombre viva, especialmente uno razonable, perciba o aprehenda.

59. Por eso, digo que éstas son las Ideas de las Pasiones que rigen, especialmente en los seres vivos razonables.

60. Las Operaciones obran, pero los Sentidos declaran y manifiestan las Operaciones. Siendo corporales, son movidos por las partes brutas del Alma. Por lo tanto, digo que ambos son maléficos o hacedores del mal.

61. Porque aquello que permite a los Sentidos regocijarse con placer es inmediatamente la causa de muchos males que le suceden a quien lo sufre.

62. Pero los Dolores dan tormentos más fuertes y Angustia. Por lo tanto, sin duda, ambos son maléficos.

63. Lo mismo puede decirse del Sentido del Alma.

64. Tat: ¿No es el Alma incorpórea, y el Sentido un Cuerpo, Padre? ¿O está más bien en el Cuerpo?

65. Hermes: Si lo ponemos en un Cuerpo, oh hijo, lo haremos como el Alma o las Operaciones. Pues éstas, siendo incorpóreas, decimos que están en Cuerpos.

66. Pero el Sentido no es ni Operación, ni Alma, ni ninguna otra cosa que pertenezca al Cuerpo. Como hemos dicho, y por eso no es incorpóreo.

67. Y si no es incorpóreo, debe ser necesariamente un Cuerpo. Porque siempre decimos que de las cosas que son, algunas son Cuerpos y otras incorpóreas.

Libro 15

1. Hermes: Oh Tat, es imposible que el hombre, siendo imperfecto y compuesto de partes imperfectas, con un cuerpo hecho de diferentes elementos, pueda hablar de la Verdad con total certeza.

2. Pero en la medida de lo posible y justo, digo que la Verdad sólo se encuentra en los Cuerpos Eternos, cuyos propios Cuerpos son también verdaderos.

3. El Fuego es simplemente fuego y nada más; la Tierra es simplemente tierra y nada más; el Aire es simplemente aire y nada más; el Agua es simplemente agua y nada más.

4. Pero nuestros cuerpos están hechos de todo esto; tienen Fuego, Tierra, Agua y Aire, pero no son ni Fuego, ni Tierra, ni Agua, ni Aire puros, ni nada verdadero.

5. Y si nuestra constitución no tenía Verdad desde el principio, ¿cómo podrían los hombres percibir, expresar o comprender la Verdad, a menos que Dios lo permita?

6. Por lo tanto, oh Tat, todas las cosas en la Tierra no son la Verdad, sino imitaciones de la Verdad, y ni siquiera todas ellas, pues son pocas.

7. Pero las demás cosas son Falsedad, Engaño, oh Tat, y Opiniones como las imágenes de la fantasía o apariencia.

8. Y cuando la fantasía recibe una influencia de lo alto, entonces se convierte en una imitación de la Verdad, pero sin esa influencia superior, permanece como una mentira.

9. Así como una imagen muestra el cuerpo representado pero no es realmente ese cuerpo, aunque parezca serlo, y se ve que tiene ojos pero no ve nada en absoluto, y oídos pero no oye nada; así mismo, todas las demás cosas de la imagen son falsas y engañan a los ojos

del observador, haciéndole creer que ve la Verdad cuando en realidad son sólo mentiras.

10. Por lo tanto, aquellos que no ven la Falsedad, ven la Verdad.

11. Entonces, si entendemos esto y vemos cada cosa tal como es, percibimos y comprendemos las cosas verdaderas.

12. Pero si vemos o entendemos algo más allá o diferente de lo que es, no comprenderemos ni conoceremos la Verdad.

13. Tat: ¿Entonces, padre, la Verdad no existe en la Tierra?

14. Hermes: No te equivocas, oh hijo. La Verdad no se encuentra en ningún lugar de la Tierra, Tat, porque no puede ser generada ni creada.

15. Pero con respecto a la Verdad, puede ser que algunos hombres, a quienes Dios les otorgue el Poder de ver claramente, puedan comprenderla.

16. Así que para la Mente y la Razón, no hay nada verdaderamente cierto en la Tierra.

17. Pero para la Mente y Razón Verdaderas, todas las cosas son fantasías, apariencias y opiniones.

18. Tat: ¿No deberíamos entonces llamar Verdad a comprender y hablar de las cosas que son?

19. Hermes: Pero no hay nada verdadero en la Tierra.

20. Tat: Entonces, ¿cómo es cierto que no conocemos nada verdadero? ¿Cómo puede ser eso aquí?

21. Hermes: Oh hijo, la Verdad es la Virtud más perfecta y el Bien más elevado en sí mismo, no perturbado por la Materia, no contenido en un Cuerpo, desnudo, claro, inmutable, venerable, inalterable Bien.

22. Pero las cosas que están aquí, oh hijo, son visibles, incapaces del Bien, corruptibles, pasibles, disolubles, mutables, continuamente alteradas y hechas de otros.

23. Entonces, ¿cómo pueden ser verdaderas en sí mismas las cosas que no son verdaderas?

24. Porque todo lo que se altera es mentira, no permaneciendo en lo que es; sino que al cambiar nos muestra siempre diferentes apariencias.

25. Tat: ¿No es verdadero el hombre, padre?

26. Hermes: En cuanto es hombre, no es verdadero, hijo; porque lo que es verdadero, tiene por sí solo su constitución y permanece, y se mantiene a sí mismo tal como es.

27. Pero el hombre está compuesto de muchas cosas y no permanece por sí mismo, sino que se transforma y cambia, de edad en edad, de Idea en Idea, o de forma en forma, incluso mientras aún está en el Tabernáculo.

28. Y muchos no han reconocido a sus propios hijos después de poco tiempo, y muchos hijos tampoco han reconocido a sus propios padres.

29. Entonces, Tat, ¿es posible que aquel que está tan cambiado, que no puede ser reconocido, sea verdadero? No, al contrario, es Falsedad, existiendo en muchas apariencias cambiantes.

30. Pero tú entiendes que lo verdadero es lo que permanece igual y es Eterno, pero el hombre no es siempre, por lo tanto no es Verdadero, sino que el hombre es una cierta Apariencia, y la Apariencia es la Mentira o Falsedad más elevada.

31. Tat: Pero estos Cuerpos Eternos, padre, ¿no son verdaderos aunque cambien?

32. Hermes: Todo lo que es engendrado o hecho, y cambiado no es verdadero, pero siendo hechos por nuestro Progenitor, podrían haber tenido verdadera Materia.

33. Pero estos también tienen en sí mismos algo falso con respecto a su cambio.

34. Pues nada que no permanezca en sí mismo es Verdadero.

35. Tat: ¿Qué diremos entonces, padre, que sólo el Sol, que además de la Naturaleza de las otras cosas no cambia sino que permanece en sí mismo, es Verdad?

36. Hermes: Es la Verdad, y por lo tanto es el único encargado de la Obra del Mundo, gobernando y haciendo todas las cosas, a quien yo honro y adoro su Verdad; y después del Uno y Primero, lo reconozco como el Obrero.

37. Tat: ¿Cuál afirmas entonces que es la primera Verdad, oh padre?

38. Hermes: La Única, oh Tat, que no es de Materia, que no está en un cuerpo, que es sin Color, sin Figura o Forma, Inmutable, Inalterable, que siempre es; pero la Falsedad, oh hijo, está corrompida.

39. Y la corrupción se ha apoderado de todas las cosas de la Tierra, y la Providencia de lo Verdadero las abarca y las abarcará.

40. Pues sin corrupción, no puede consistir la Generación.

41. Pues la Corrupción sigue a toda Generación, para que de nuevo sea generada.

42. Porque aquellas cosas que son generadas deben necesariamente ser generadas de aquellas cosas que son corrompidas, y las cosas generadas deben necesariamente ser corrompidas, para que la Generación de las cosas que son no se detenga o cese.

43. Reconoced, pues, al primer Obrero por la Generación de las cosas.

44. En consecuencia, las cosas que se generan de la corrupción son falsas, ya que a veces son una cosa, a veces otra: Pues es imposible que vuelvan a ser las mismas cosas, y lo que no es lo mismo, ¿cómo es verdadero?

45. Por lo tanto, oh hijo, debemos llamar a estas cosas fantasías o apariencias.

46. Y si queremos dar a un hombre su justo nombre, debemos llamarlo fantasía o apariencia de Hombre; y a un Niño, fantasía o apariencia de Niño; a un anciano, apariencia de anciano; a un joven, apariencia de joven; y a un hombre de mediana edad, apariencia de hombre de mediana edad.

47. Porque ni el hombre es hombre, ni el niño es niño, ni el joven es joven, ni el viejo es viejo.

48. Pero las cosas que preexisten y que son, al ser cambiadas son falsas.

49. Estas cosas entiende así, oh hijo, como estas Operaciones falsas, teniendo su dependencia de arriba, aun de la verdad misma.

50. Que siendo así, afirmo que la Falsedad es la Obra de la Verdad.

Libro 16

Que ninguna de las Cosas que son, puede Perecer

1. Hermes: Ahora, hijo mío, debemos hablar sobre el Alma y el Cuerpo, cómo el Alma es inmortal y qué proceso forma el Cuerpo y lo descompone.

2. Pero en ninguno de estos casos se encuentra la Muerte, ya que es solo un concepto vacío o una palabra utilizada erróneamente en lugar de Inmortal (quitando la primera letra). [Thanatos por Athanatos].

3. Porque la Muerte es destrucción, pero nada en el mundo se destruye realmente.

4. Si el Mundo es un segundo Dios y una Fuerza Inmortal viviente, es imposible que alguna parte de esta Fuerza Inmortal muera.

5. Todas las cosas en el Mundo son partes del Mundo, especialmente el Hombre, el Ser vivo racional.

6. Porque el primero de todos es Dios, el Eterno e Infinito, el Creador de todas las cosas.

7. El segundo es el Mundo, hecho por Él a Su propia Imagen, mantenido unido, nutrido e inmortalizado por Él, como de su propio Padre, siempre vivo.

8. Siendo Inmortal, el Mundo está siempre vivo y es siempre inmortal.

9. Porque lo que siempre está vivo difiere de lo Eterno.

10. Lo Eterno no fue creado ni hecho por otro; y si fue engendrado o hecho, lo fue por sí mismo, no por otro, sino que siempre se está haciendo.

11. Porque lo Eterno, en cuanto Eterno, es el Universo.

12. El Padre mismo es Eterno por sí mismo, pero el Mundo fue hecho por el Padre, siempre vivo e inmortal.

13. El Padre acumuló toda la Materia que había y la hizo un solo Cuerpo, hinchándolo y haciéndolo redondo

como una Esfera, dotándolo de Cualidad, siendo Él mismo inmortal y teniendo Materialidad Eterna.

14. El Padre, lleno de Ideas, sembró Cualidades en la Esfera y las encerró, como en un Círculo, con la intención de embellecer con cada Cualidad lo que después sería hecho.

15. Luego vistió al Cuerpo Universal con Inmortalidad, para que la Materia, si se apartaba de esta Composición, no se disolviera en su propio desorden.

16. Porque cuando la Materia era incorpórea, oh Hijo, estaba desordenada, y tiene aquí la misma confusión diaria girando alrededor de otras pequeñas cosas, dotadas de Cualidades, en punto de Aumento y Disminución, que los hombres llaman Muerte, siendo en verdad un desorden que sucede alrededor de los seres vivientes terrenales.

17. Los Cuerpos de las cosas Celestiales tienen un orden que han recibido del Padre al Principio, y es mantenido indisoluble por la instauración de cada uno de ellos.

18. La instauración de los Cuerpos terrenales es su consistencia; y su disolución los restaura en indisolubles, es decir, Inmortales.

19. Así se hace una privación del Sentido, pero no una destrucción de los Cuerpos.

20. El tercer ser viviente es el Hombre, hecho a Imagen del Mundo, y teniendo por Voluntad del Padre una Mente superior a la de los otros seres terrenales.

21. Y no solo tiene simpatía con el segundo Dios, sino también comprensión del primero.

22. Porque al segundo Dios lo percibe como un Cuerpo, pero al primero lo entiende como Incorpóreo y la Mente del Bien.

23. Tat: ¿Y no perece este Ser viviente?

24. Hermes: Habla con prudencia, hijo mío, y aprende qué es Dios, qué es el mundo, qué es una fuerza inmortal y qué es una disoluble.

25. Y comprende que el Mundo es de Dios y en Dios; pero el Hombre es del Mundo y en el Mundo.

26. El Principio, el Fin y la Consistencia de todo es Dios.

Libro 17

1. En tu ausencia, mi hijo Tat necesitaba aprender sobre la naturaleza de las cosas existentes. Él insistió en que le explicara cada detalle, así que me vi obligado a hablarle extensamente para facilitar su comprensión punto por punto.

2. Pero he decidido escribirte resumidamente, seleccionando los puntos principales de lo que le dije e interpretándolos de manera más mística, ya que tienes más edad y conocimiento de la Naturaleza.

3. Todo lo que se manifiesta fue creado y continúa siendo creado.

4. Las cosas creadas no se hacen a sí mismas, sino que son hechas por otro.

5. Hay muchas cosas creadas, especialmente todas las que son visibles, diferentes y desiguales.

6. Si las cosas hechas son creadas por otro, debe existir un hacedor no creado y más antiguo que ellas.

7. Afirmo que lo creado es hecho por otro, y es imposible que algo creado sea más antiguo que todo, excepto lo no creado.

8. Él es más poderoso, Uno y único verdadero conocedor de todo, sin nada más antiguo que Él mismo.

9. Él gobierna la multitud, inmensidad, diversidad y continuidad de la creación.

10. Además, lo creado es visible, pero Él es invisible; por eso crea, para hacerse visible, y lo hace eternamente.

11. Así, el entendimiento y la inteligencia deben admirarse y sentirse dichosos de conocer a tu Padre natural.

12. Pues, ¿qué hay más dulce que un Padre natural?

13. ¿Quién es Él y cómo lo conoceremos?

14. ¿Es correcto atribuirle sólo a Él los títulos de Dios, Creador o Padre, o los tres? Dios por su Poder, Creador por su Obra y Padre por su Bondad.

15. El Poder es distinto de lo creado, pero la Creación es aquello en lo que todo es hecho.

16. Dejando de lado palabrerías vanas, debemos entender estas dos cosas: lo creado y el Creador, sin nada en medio ni un tercero.

17. Comprendiendo todo, recuerda estas Dos cosas y piensa que son Todo, sin dudar de nada, ni de lo alto ni de lo bajo, ni de lo cambiante ni de lo oculto.

18. Pues Todo se reduce a dos Cosas: El Hacedor y lo Hecho, inseparables e indivisibles entre sí.

19. Es imposible que el hacedor exista sin lo hecho, pues ambos son lo mismo y no pueden separarse uno del otro, como una cosa no puede separarse de sí misma.

20. Si el hacedor no es más que el que hace, Simple e Incompuesto, necesariamente se hace a sí mismo, siendo la Generación del hacedor también Todo lo hecho.

21. Lo generado o hecho debe serlo por otro, pero sin el Hacedor, lo hecho no es ni se hace, pues uno sin el otro pierde su propia Naturaleza al privarse del otro.

22. Si se admiten estos dos, el hacedor y lo hecho, entonces son Uno en Unión: este antes y aquel después.

23. Lo que precede es Dios el Hacedor, y lo que sigue es lo hecho, sea lo que fuere.

24. Que nadie se asuste por la variedad de lo creado, no sea que arroje bajeza o infamia sobre Dios, pues su única Gloria es hacer Todas las cosas.

25. Este hacer es como el Cuerpo de Dios, y al que hace no se le puede imputar nada malo o sucio.

26. Estas son Pasiones que acompañan a la Generación como el óxido al cobre o los excrementos al cuerpo.

27. Pero ni el herrero creó el óxido, ni el Hacedor la suciedad, ni Dios la maldad.

28. La alternancia de la Generación los hace florecer, y por eso hizo que el Cambio fuera como la Purificación de la Generación.

29. ¿Acaso es lícito que un pintor haga el cielo, los dioses, la tierra, el mar, los hombres, los animales, las cosas inanimadas y los árboles, pero es imposible que Dios haga estas cosas? ¡Oh gran locura e ignorancia de los hombres sobre Dios!

30. Quienes así piensan sufren lo más ridículo: profesan bendecir y alabar a Dios, pero al no atribuirle la creación de Todo, no lo conocen.

31. Además de no conocerlo, son sumamente impíos contra Él, atribuyéndole pasiones como soberbia, impotencia, debilidad, ignorancia o envidia.

32. Pues si no hace todas las cosas, es soberbio, impotente, ignorante o envidioso, lo cual es impío afirmar.

33. Dios tiene una sola Pasión: el Bien, y el que es bueno no es orgulloso, impotente ni lo demás, sino que Dios es el Bien mismo.

34. El Bien es todo poder para hacer todas las cosas, y cada cosa hecha es hecha por Dios, es decir, por el Bien que puede hacer todo.

35. Mira cómo hace todas las cosas y cómo se hacen las cosas, y si quieres aprender, podrás ver una hermosa y similar Imagen suya.

36. Observa al Labrador, cómo siembra en la Tierra: aquí Trigo, allá Cebada y en otro lugar otras Semillas.

37. Mira al mismo Hombre, plantando una Vid, un Manzano, una Higuera u otro Árbol.

38. Así siembra Dios en el Cielo la Inmortalidad, en la Tierra el Cambio, en toda la Vida y el Movimiento.

39. Y estas cosas no son muchas, sino pocas y fáciles de enumerar: Dios y la Generación, en la que están todas las cosas.

Epílogo

A lo largo de las páginas de esta obra, hemos navegado un fascinante recorrido por los abismos de la sabiduría hermética, siguiendo los pasos del legendario Hermes Trismegisto, conocido como el tres veces grande. Desde los principios fundamentales del Kybalión hasta las revelaciones místicas del Poimandres, hemos desenterrado un tesoro de conocimientos ancestrales que han dejado una huella indeleble en el pensamiento esotérico occidental.

La filosofía hermética nos incita a reconocer nuestra auténtica naturaleza divina y a abrazar el potencial transformador de nuestra mente. Los siete principios herméticos -Mentalismo, Correspondencia, Vibración, Polaridad, Ritmo, Causa y Efecto, y Género- nos otorgan una llave maestra para descifrar los enigmas del universo y de nuestro propio ser.

Al integrar estas leyes universales en nuestra vida, nos convertimos en alquimistas de nuestra propia existencia, transmutando las limitaciones en el oro de la iluminación. La senda hermética es un sendero de autodescubrimiento y realización, que nos conduce hacia la comunión con la Mente Divina que permea toda la creación.

Sin embargo, este conocimiento no es para los meramente curiosos o los débiles de corazón. Como advierte Hermes, "los labios de la sabiduría están cerrados, excepto para los oídos del entendimiento". Se requiere una mente receptiva, un corazón puro y una voluntad firme para internalizar y encarnar estas enseñanzas.

La tradición hermética ha sido salvaguardada a través de los siglos por una cadena dorada de iniciados, quienes han mantenido viva la llama de la gnosis en medio de las eras oscuras. Ahora, en este tiempo de despertar global, la sabiduría de Hermes resurge para iluminar el sendero de la humanidad hacia una nueva era de conciencia cósmica.

Es nuestro privilegio y responsabilidad, como herederos de este legado, estudiar, aplicar y compartir las verdades herméticas. Al hacerlo, nos unimos al coro de los sabios y nos convertimos en instrumentos de la Mente Divina, colaborando en la magna obra de la evolución espiritual.

Que las palabras del tres veces grande Hermes resuenen en lo profundo de tu ser, avivando la chispa divina que mora en tu interior. Que tu búsqueda de la verdad te conduzca a la realización de tu verdadero Ser y a la unión con la Fuente de todo lo que es.

Como afirmó el maestro: "El reino de Dios está dentro de ti, y todo alrededor tuyo. Aquel que se conoce a sí mismo, conoce el Todo". Que esta obra sea una luz en tu camino hacia el autoconocimiento y la gnosis eterna.

Con gratitud y respeto por la sabiduría imperecedera,

Neville Jung

www.TusDecretos.com

Otros libros

Neville Goddard:
Haz Tus Deseos Realidad:
El Poder Infinito del YO SOY

William Walker Atkinson
**MAGIA MENTAL EL SECRETO DEL
ÉXITO**: El Poder De La Sugestión Y La
Ley De La Atracción

**El Nuevo Juego de la Vida y Cómo
Jugarlo:**
Obras Completas de Florence Scovel Shinn
Actualizadas para el Siglo XXI

Neville Goddard
**SENTIR ES EL SECRETO DEL YO
SOY:** Incluye la obra Sentir es El Secreto y
diez de las mejores conferencias de Neville
Goddard actualizadas

Alan Watts
La Era de la Ansiedad
Sabiduría para asumir la inseguridad como camino hacia la paz interior.

Neville Goddard:
La Biblia: El Manual Secreto del "Yo Soy"
Simbología De La Biblia Revelada Como Un Poderoso Manual De Psicología.

Colección Así Será
El Juego de la Vida en el Siglo 21
(El Poder del YO SOY actualizado)
www.Asi-Sera.com

www.ingramcontent.com/pod-product-compliance
Lightning Source LLC
LaVergne TN
LVHW051227080426
835513LV00016B/1462